여행영어 **무조건
부딪쳐라**

Media연구회 편

고구려미디어

여행영어 무조건 부딪쳐라

초판 1쇄 인쇄 · 2007년 8월 1일
초판 3쇄 발행 · 2008년 3월 7일

지은이 · Media연구회 편
펴낸이 · 강문희

펴낸곳 · 고구려미디어
등록번호 · 제410-2005-000046호
등록일자 · 2002년 1월 8일
주소 · 고양시 일산 서구 주엽동 63 럭키B/D 117호
전화 · 031)970-2849
팩스 · 031)970-3155

본문디자인 · 조아기획(02-332-9366)

값 6,000원

ISBN 978-89-950809-3-1 10740

* 잘못된 책은 바꾸어 드립니다.

즉석 영어가 내 손안에

이 책이 해외여행 하는데 작은 도움이 되기를 바라면서 영어에 대한 조언을 하고자 한다.

우리나라 말과 달리 영어는 액센트가 있어 발음에 주의해야 한다. 유럽에서는 미국 영어 단어가 다르거나 뜻이 통하지 않을 수도 있다.

급하면 단어 하나로 말할 수 있지만 되도록이면 문장으로 대화하는 것이 예의 있어 보이고 멋있어 보일 것이다. 자연스럽게 현지인과 대화를 하거나. 어떤 상황이라도 상대방의 말을 정확히 듣고 자신 있게 표현하려면 떠나기 전에 상황별로 중요한 문장과 단어들을 반복하여 익히도록 권하고 싶다.

또한 영어의 표현과 대화에서는 please, would, thank you를 덧붙이면 품위 있고 공손한 말이 되어 상대방의 기분을 유쾌하게 할 수 있다.

미디어 편집부

여행 준비물

- **기본필수준비물**

여권(앞면 2장 정도 복사해서 따로 보관한다), 비자, 항공권, 환전(1인당 1만 달러), 신용카드(만일의 경우를 대비하여), 여행자수표, 국제운전면허증, 국제학생증, 유스호스텔 회원증, 여행보험, 여권용 사진(최소 2장)

- **의류 및 신발**

속옷, 셔츠, 바지, 양말(3~4켤레), 스타킹, 운동화, 샌달, 모자

- **세면도구, 화장품**

칫솔, 치약, 화장품, 수건, 면도기, 헤어드라이기, 선크림

- **비상약**

소화제, 감기약, 진통제, 밴드, 두통약, 평소 복용하는 약

• **음식**

고추장, 김, 멸치, 육포

• **그 외**

선글라스, 카메라, 필름, 디카, 우산(작고 가벼운 것), 가이드북, 필기도구, 수첩(여권·T/C·신용카드·현지주요기관 등의 번호를 적어 둔다.) 여행용가방, 멀티콘센트, 맥가이버 칼, 회화책, 건전지(1~2개)

여권 & 비자

여권의 종류

복수여권(PM)은 10년의 유효기간을 부여하여 유효기간 만료일까지 특별한 사유가 없는 한 횟수에 제한 없이 외국여행이 가능하다. 단, 만18세 미만자 또는 만18세 이상의 희망자에 대하여는 유효기간 5년 이내에 발급된 여권이어야 한다.

단수여권(PS)은 1회에 한하여 외국여행을 할 수 있으며 통상 1년 이내의 유효기간으로 발급되고 있다.

여권신청절차
① 구비서류
- 여권발급신청서 1부, 주민등록등본 1통, 주민등록증
- 여권용 사진 2매(3.5cm×4.5cm) 6개월 이내
- 부모의 여권발급동의서 및 동의인 인감증명서(18세 미만 미성년자에 해당)
- 병역관계서류(해당자에 한함) 1부

※ 서울시 18개 구청, 인천계양구청, 부산(사상구청, 해운대구청), 안양시청, 성남시청, 고양시청, 시(도)청, 수수료 복수(10년:55,000원, 5년:47,000), 단수 20,000원

② 발급절차

신청서 작성 → 접수 → 신원조사 → 각 지방경찰청 → 결과회보 → 여권서류심사 → 여권발급 → 여권교부

비자란?

비자는 방문하고자하는 상대국의 정부에서 입국을 허가해주는 일종의 허가증을 비자라 한다.

여행자는 해외여행이 결정되면 가고자 하는 국가에 비자가 필요한지 확인을 해야 한다.

비자에는 입국의 종류와 목적, 체류 기간 등이 명시되어 있으며, 여권의 사증에 스탬프나 스티커를 붙여 발급하게 된다.

현재 우리나라는 많은 국가들과 비자 면제 협정을 맺고 있으며, 동일한 국가라도 단기간 여행이면 비자가 필요하지 않으나, 허용하는 기간을 초과하여 체류할 때에는 반드시 체류목적에 맞는 비자를 받아야 한다.

Contents

Chapter 1 기본표현회화

01 인사 16
02 자기소개 18
03 감사와 사과 20
04 거절하기 22
05 부탁의 표현 24
06 요구 및 허락받기 26
07 대답의 표현 28
08 좋은 소식과 축하의 표현 30

Chapter 2 출입국

기내에서

01 좌석확인 및 부탁하기 40
02 기내서비스 이용 42
03 기내식 44
04 출입국카드작성 및 면세품을 구입할 때 46

입국심사

05 입국하기 52

06 세관통과 54

07 수화물 찾기 56

08 환승 및 경유 58

공항에서

09 관광안내소 이용 62

10 환전 64

11 시내로 가는 교통편 66

Chapter 3 숙박

호텔

01 호텔 예약 76

02 체크인 78

03 룸 서비스 ① 80

04 룸 서비스 ② 82

05 호텔시설 이용 84

06 호텔에서 전화 86

07 트러블 88

08 체크아웃 90

Contents

유스호스텔

09 유스호스텔 문의 96

10 요금을 물을 때 98

11 위치를 물을 때 100

Chapter 4 교통

길 묻기

01 길 묻기 110

02 길을 잃었을 때 112

버스에서

03 시내버스 116

04 관광버스 118

05 시외버스 120

택시에서

06 택시잡기 124

07 택시 안에서 126

기차에서

08 표 구입 및 기차타기 130

09 기차 안에서 목적지 역 묻기 132

지하철에서

10 지하철을 탈 때 134

11 지하철 안에서 136

렌터카 이용

12 렌터카 빌릴 때 140

13 보험 및 요금 142

14 주유소에서 144

Chapter 5 관광

01 관광안내소 152

02 관광투어를 이용할 때 154

03 사진 찍기 156

04 박물관에서 158

05 미술 전시관 160

06 골프, 테니스 162

07 스포츠 관전 164

08 극장, 공연장에서 166

Contents

Contents

Chapter 6 식사

01 레스토랑 예약 및 자리앉기 174
02 레스토랑에서 주문하기 ① 176
03 레스토랑에서 주문하기 ② 178
04 술집에서 180
05 커피숍에서 182
06 패스트푸드점에서 184

Chapter 7 쇼핑

01 백화점 쇼핑하기 192
02 의류 매장 196
03 악세사리 매장 198
04 보석 매장 200
05 신발 매장 202
06 화장품 매장 204
07 슈퍼마켓에서 206
08 환불 교환할 때 208

Chapter 8 전화, 우편, 은행

01 전화걸기 216
02 전화받기 218
03 우편 220
04 은행 이용하기 222

Chapter 9 트러블

01 병원에서 230
02 약국에서 232
03 분실사고 234
04 재발급 236
05 교통사고 238

Chapter 10 귀국

01 항공권 예약전화 246
02 항공권 재확인, 취소, 변경 248
03 탑승 수속 250
04 수하물 수속 252
05 탑승하기 253

Contents

Chapter 1
일상기본회화

01. 인사
02. 자기소개
03. 감사와 사과
04. 거절하기
05. 부탁의 표현
06. 요구 및 허락받기
07. 대답의 표현
08. 좋은 소식과 축하의 표현

기본회화 01

인 사

'안녕하십니까?'에 해당하는 'Hello(헬로우)'는 아침, 점심, 저녁 구분없이 아는 사이나 다시 만났을 때 사용하는 인사표현. 길거리를 걷다가 혹은 차 안에서 아는 외국인을 만났을 때 'Hello' 혹은 Good morning, Good afternoon, Good evening이라고 인사를 해보자.

안녕하세요?
How are you?

하우 아 유

잘 지냅니다.
I'm fine.

아임 화인

날씨가 참 좋네요!
What a beautiful day!

왓 어 뷰티플 데이

만나서 반가워요.
Nice to meet you.
> 나이스 투 미츄

어떻게 지내셨어요?
How have you been?
> 하우 해브 유 빈

먼저 하세요.
After you, please.
> 애프터 유 플리즈

아주 좋아요.
Pretty good.
> 프리티 굿

다음에 봐요.
See you again later.
> 씨 유 어겐 레이터

즐거운 하루 되세요.
Have a nice day.
> 해브 어 나이스 데이

기본회화 02

자기소개

외국인을 처음 만났을 때 가장 많이 쓰는 표현이 'How do you do?'. 먼저 웃으며 인사를 건네보자. 그럼 상대방도 웃으며 인사를 할 것이다. 'How do you do? Nice to meet you.'라고 말하면 상대방도 똑같이 대답할 것이다.

처음 뵙겠습니다.
How do you do?
하우 두 유 두

저는 ~입니다.
My name is ~
마이 네임 이즈 ~

어디 가시나요?
Where are you going?
웨어 아 유 고잉

어디서 오셨나요?
Where are you from?

웨어 아 유 후럼

성함을 여쭤봐도 될까요?
May I have your name?

메이 아이 해브 유어 네임

직업이 무엇입니까?
What do you do for a living?

왓 두 유 두 훠러 리빙

한국 서울에서 왔습니다.
I'm from Seoul, Korea.

아임 후럼 서울 코리아

일 때문에 왔어요.
I'm on business.

아임 언 비즈니스

만나서 반갑습니다.
Nice seeing you.

나이스 씨잉 유

기본회화 03

감사와 사과

외국인들은 상대방을 배려하고 감사하는 태도가 생활화되어 있다는 점을 명심하자. 외국에 나가 혹시 실수라도 한다면 반드시 영어로 'Excuse me' 혹은 'I'm sorry'라고 사과하자.

감사합니다.

Thank you.

쌩 큐

당신의 친절에 감사드립니다.

Thank you for your kindness.

쌩 큐 훠 유어 카인드니스

도와주셔서 고맙습니다.

Thank you for your help.

쌩 큐 훠 유어 헬프

천만에요.
You're welcome.
>   유 어 웰컴

죄송합니다.
I'm sorry.
>   아임 쏘리

괜찮습니다.
Not at all.
>   낫 앳 올

용서를 빕니다.
Please forgive me.
>   플리즈 훠기브 미

제 잘못이예요.
It was my mistake.
>   잇 워즈 마이 미스테익

진심으로 사과드립니다.
I really do apologize.
>   아이 리일리 두 어펄로자이즈

거절하기

외국여행 중 자신의 감정을 자연스럽게 표현해 보는 것도 중요하다. 영어로 간단한 감정표현은 상대방에게 훨씬 친밀감을 준다. 상황에 따라 적절히 'Yes' 혹은 'No'를 말해보자.

고맙지만 괜찮아요.
No, thank you.

노우 쌩 큐

전 그렇게 생각하지 않는데요.
I don't think so.

아이 돈 씽크 쏘우

당신이 잘못한 것 같아요.
I think you are wrong.

아이 씽크 유 아 롱

아니요. 피곤해요.
No. I feel tired.

노 아이 필 타이어드

아니 별로
Not really.
> 낫 리얼리

좋은 생각이 아닌 것 같아요.
It's not a good idea.
> 잇츠 낫 어 굿 아이디어

아니 할 수 없어요.
No, I can't.
> 노우 아이 캔트

모르겠어요.
I don't know.
> 아이 돈 노우

생각해 보겠어요.
I will think about it.
> 아이 윌 씽크 어바웃 잇

문제없어요.
No problem.
> 노우 프뢔블럼

기본회화 05

부탁의 표현

해외에 나가게 되면 'Would you like to ~', 'Could you ~'(~해주시겠어요?)라는 부탁의 표현을 자주 사용하게 된다. 만일 상대방의 부탁을 들어주게 되면 'Sure'라고 말하고, 거절할 때는 'I'm sorry'라고 정중하게 말하자.

부탁드려도 될까요?

Could you do me a favor?

쿠 쥬 두 미 어 훼이버

도와주시겠어요?

Can you give me a hand?

캔 유 깁 미 어 핸드

물론이요.

Sure.

슈어

24

들어가도 되나요?
May I come in?

메이 아이 컴 인

제 가방 좀 봐 주시겠어요?
Would you keep an eye on my bag?

우 쥬 킵 언 아이 언 마이 백

좀 도와주세요.
Please help me.

플리즈 헬프 미

잠깐 기다려주실래요?
Could you wait for me a minute?

쿠 쥬 웨잇 훠 미 어 미닛

메모지 좀 주세요?
Can you give me a memo pad?

캔 유 기브 미 어 메모 패드

창문 좀 닫아주실래요?
Please close the window?

플리즈 클로즈 더 윈도우

기본회화 06

요구 및 허락받기

허락을 받고 싶을 때 'May I ~' 혹은 'Can I ~'(~해도 괜찮을까요?)라는 표현을 가장 많이 사용한다. 질문하는 의도에 따라 답변에도 세심한 주의를 기울이자.

이 물건 포장해 주세요.
Please wrap it up.

플리즈 랩 잇 업

조용히 해 주세요.
Please be quiet.

플리즈 비 콰이엇

계산서 좀 주세요.
Check, please.

첵 플리즈

그 신문 좀 볼 수 있을까요?
May I see the newspaper?

메이 아이 씨 더 뉴스페이퍼

이것 좀 치워 주세요.
Put these away, please.
풋 디즈 어웨이 플리즈

여기에 앉아도 될까요?
May I sit here?
메이 아이 씻 히어

창문 좀 열어도 되겠습니까?
Can I open a window?
캔 아이 오픈 어 윈도우

담배 피워도 될까요?
Can I smoke here?
캔 아이 스목 히어

얘기 좀 할 수 있을까요?
Can I talk to you?
캔 아이 톡 투 유

여기 있어도 되나요?
Do you mind if I stay here?
두 유 마인드 이프 아이 스테이 히어

기본회화 07

대답의 표현

여행 도중 외국인에게 어떤 질문을 받았을 때에는 긍정과 부정의 표현을 확실하게 하는 게 좋다. 외국인들은 어정쩡한 의사표시 보다는 Yes 나 No로 확실하게 자기 의사 표현을 하는 사람을 좋아한다.

그렇습니다.
That's right.

댓츠 롸잇

알겠습니다.
I understand.

아이 언더스탠

예, 그렇습니다.
Yes, of course.

예스 어브 코스

저는 괜찮습니다.
I'm okey.

아임 오케이

알고 있습니다. 그래요.
I know.
>   아이 노우

예, 그렇게 해 주세요.
Yes, please.
>   예스 플리즈

동의합니다.
I agree with you.
>   아이 어그리 윗 유

천만에요.
You're welcome.
>   유어 웰컴

아, 알겠습니다.
I see.
>   아이 씨

괜찮아요.
Never mind.
>   네버 마인드

기본회화 08

좋은 소식과 축하의 표현

특별한 날엔 어떤 특별한 인사를 해야할까?. 고민이 많을 것이다. 그럴 때에는 어떤 표현이 좋을까? 일단 앞에 'Happy'를 붙이고 시작하면 왠만한 축하표현은 다 해결된다는 사실 알아두자. 그리고 (~을 축하해!)라고 말하고 싶을 때에는 '(Congratulations on~)'로 시작해보자.

좋은 소식이 있습니다.
I've got some great news.

아이브 갓 썸 그레잇 뉴스

멋진 일이 생겼어.
Something wonderful happened.

썸싱 원더플 해픈드

오늘이 우리 결혼기념일이야.
It's our anniversary today.

잇츠 아우어 애너버서리 투데이

오늘이 내 생일이야.
Today is my birthday.

투데이 이즈 마이 버스데이

축하해!
Congratulations !

컨그래쥴레이션스

정말 좋겠다.
You must be really happy.

유 머슷 비 리일리 해피

잘됐다.
Good for you.

굿 휘 유

대단하구나!
That's great !

댓츠 그레잇

아름다워요.
It is beautiful.

잇 이즈 뷰티플

활·용·단·어

아침 morning
       모닝

오후 afternoon
       애프터눈

오늘 아침 this morning
           디스 모닝

오늘 저녁 this evening
           디스 이브닝

어제 yesterday
       예스터데이

내일 tomorrow
       투머로

모레 the day after tomorrow
       더 데이 애프터 투머로

날씨 weather
       웨더

실례합니다/죄송합니다 excuse me
                       익스큐즈 미

뭐라고 하셨습니까? pardon/excuse me?
                     파든/익스큐즈 미

그것을 영어로 뭐라고 부릅니까? What do you call it in English?
                                 왓 두 유 콜 잇 인 잉글리쉬

무슨 뜻 입니까? what does it mean?
                  왓 더즈 잇 민

천천히 말해주세요 plesae speak slowly
                    플리즈 스픽 슬로리

~ 어때요? how about ~
            하우 어바웃

발음하다 pronounce
          프로나운스

문제 problem
       프라블럼

호의, 친절 favor
훼이버   * do ~ a favor ~에게 부탁하다

~ 해줘 고맙습니다 thank you for ~
쌩 큐 훠

고맙습니다 I appreciate it
아이 어프리쉬에잇 잇

써주세요 please write it down
플리즈 라잇 잇 다운

괜찮습니다 that's okey
댓츠 오케이

확실하지 않습니다 I'm not sure
아임 낫 슈어

여기있습니다 here you are
히어 유 아

(이미) 알고 있다. I know
아이 노우

알겠습니다(이해하다) I see/understand/got it
아이 씨/언더스탠드/갓 잇

많이 알지 못합니다 I don't know much about it
아이 돈 노우 머치 어바웃 잇

가야겠습니다 I've got to go
아이브 갓 투 고우

천만에 your're welcome/not at all/my pleasure/no problem
유어 웰컴/낫 앳 올/마이 플레져/노 프라블럼

좋은 하루 보내세요 have a nice day
해브 어 나잇 데이

일상기본회화

Chapter 2
출입국

기내에서
01. 좌석확인 및 부탁하기
02. 기내서비스 이용
03. 기내식
04. 출입국카드작성 및 면세품을 구입할 때

입국심사
05. 입국하기
06. 세관통과
07. 수화물 찾기
08. 환승 및 경유

공항에서
09. 관광안내소 이용
10. 환전
11. 시내로 가는 교통편

모든 출국 절차는 공항에서 이루어진다. 따라서 항공기 탑승을 위해 충분한 시간을 갖고 공항에 도착하면(출발 2~3시간 전) 여유롭게 탑승수속을 차질 없이 모든 절차를 제시간에 밟을 수 있다.

◯ 탑승수속(CHECK IN & LOCATION)

탑승할 항공사의 탑승수속 카운터에서 여권과 예약 항공권을 제시하여 좌석배정을 받은 후 수화물을 탁송한다.

※ 체크인카운터에서는 항공기 기내로 휴대가 가능한 물품을 제외하고는 모두 위탁수하물로 처리하여야 하며, 항공기내에는 가로 55cm, 세로 40cm, 높이 20cm(총합 115cm 이내), 무게 10~12kg까지 물품에 대해서만 반입이 허용된다. 인터넷으로 항공권을 구매한 여행자는 인터넷 전용 카운터를 이용하면 더욱 빠르고 편리하게 탑승수속을 할 수 있다.

◯ 병무/검역신고

만 18세가 되는 해 1월 1일부터 만 35세가 되는 12월 31일까지 병역을 마치지 않은 대한민국 남자(병역을 마친 사람, 제2국민역은 제외) 병역 의무자가 국외를 여행하고자 할 때는 병무청에 국외여행허가를 받고 출국 당일 출국 수속을 받기 전에 병무신고사무소에 먼저 출국신고를 하고, 귀국 시에도 귀국신고를 하여야 한다. 검역소에서는 외국 여행자 동물, 식물에 대한 검역 및 증명서를 발급하고 있다. 도착지 국가에 따라 검역증명서를 확인하는 경우가 있으므로 항공사 및 국립수의과학검역원에서 확인해봐야 한다.(홈페이지 및 전화번호 : http://www.nvrqs.go.kr 032-752-1271~2)

● 보안검색 / 세관신고

검색대에서는 가방은 컨베이어 벨트위에, 주머니속의 소지품들은 바구니에 담아 검색대를 통과시킨 후 문형탐지기를 통과 하면 검색 요원이 검색 한다. 이때 휴대품 중 시계, 보석반지, 카메라류, 고급 의류 등 고가품이 있을 경우 준비된 세관 신고서에 해당품목을 기재하여 여권과 함께 탑승권을 제출, 세관 담당자에게 확인 신고 필인(custom stamp)을 받아두어야 귀국 및 재입국 시 휴대 반출 신고 품목에 대한 면세 조치를 받을 수 있다.

● 위탁수하물 검색, 액체류

항공안전 및 보안에 위협이 될 수 있는 물품은 위탁수하물에 넣으면 안 된다. 또한, 우리나라 모든 국제선 항공편에 대하여 단위 물품당 100㎖를 초과하는 액체, 젤류 및 에어로졸의 항공기 내 휴대 반입이 제한된다.

따라서 국제선 탑승객은 액체류(술, 생수, 음료수, 쥬스, 향수, 스킨, 로션, 김치), 젤류(샴푸, 린스, 치약, 헤어젤, 선크림, 로션, 화장품, 된장, 고추장), 에어로졸류(헤어스프레이, 살충제) 등 일체의 반입 불가 용품은 가능한 가방 등에 넣어 체크인시 탑승 항공사에 위탁수하물로 운송해야 한다.

※ 위탁수하물을 X-ray 장비로 검색한 결과 의심스러운 물품이 발견될 경우, 승객 입회 하에 개봉검색을 실시할 수 있다.

- 단 허용 용량은 각 용품당 100㎖ 이하의 액체, 젤류는 반입이 가능하다. 100㎖를 초과하는 용기는 액체류가 소량만 담겨 있는 경우라도 반입할 수 없다.
- 승객은 용기당 100㎖ 이하 액체, 젤류를 1ℓ 이하의 투명 비밀봉투에 지퍼락(사이즈 약20㎝×약20㎝)이 잠길 정도로 적당량이 담긴 경우는 반입이 가능하며, 승객 1인당 지퍼락 봉투 1개로 제한된다. 지퍼락 봉투는 터미널내 매점에서 구입할 수 있다.
- 면세품 구입시 받은 영수증을 투명 봉인봉투 안에 동봉 또는 부착된 경우에 한해서 용량에 관계없이 반입가능 하지만 승객이 봉인된 투명 비닐봉투를 최종 목적지행 항공기 탑승 전에 개봉되었거나 훼손되었을 경우 반입이 금지된다.

◐ 출국심사

통관이 끝난 다음 출국심사대에서 여권, 탑승권을 한꺼번에 제출하면 여권의 유효기간, 본인확인, 출국 목적 등을 심사한 후 출국확인을 받고 여권을 돌려 받는다.

※ 2006년 8월 1일부터는 출국신고서 작성 제출이 생략되어 빠르고 편하게 출국심사를 받을 수 있다.

보안검색 또는 출국심사 완료 후 휴대폰 로밍 또는 현금 인출 및 환전을 위해 일반지역으로 나올 수 없으니 반드시 사전에 로밍을 받고 현금 인출 및 환전을 해야만 한다.

◐ 탑승구 통과

약 10여분에 걸쳐 출국 심사대까지 통과하고 나면 비행기를 탑승하는 게이트(GATE)와 면세점들이 있다. 먼저 비행기표에 있는 탑승시간과 게이트 위치를 확인한 후 쇼핑할 물건이 있으면 면세점을 이용한다. 면세점은 세금이 없는 곳이기 때문에 수입품들이 국내보다는 저렴하다.

기내에서 01

좌석확인 및 부탁하기

기내에 오르면 탑승권에 좌석 번호를 확인한 후 앉는다. 가족이나 일행과 좌석이 분리됐을 경우 좌석정돈이 완전히 끝난 후 양해를 얻어 좌석을 바꾼다. 기내에서 간편한 옷차림을 하거나 슬리퍼를 신는 것은 괜찮으나 내의만 입거나 신발을 벗고 통로로 다니는 행위는 삼가하자.

이것을 기내에 가지고 들어갈 수 있습니까?
Can I take this suitcase on the plane?

캔 아이 테익 디스 슷케이스 언 더 플레인

내 좌석은 어디입니까?
Could you tell me where my seat is?

쿠 쥬 텔 미 웨어 마이 씨이트 이즈

탑승권을 보여 주시겠습니까?
Would you show me your boarding pass?

우 쥬 쇼우 미 유어 보딩 패스

여기 있습니다.
Here it is.

히어 잇 이즈

죄송합니다, 좀 지나갈게요.
Excuse me, I need to get by.

익스큐즈 미 아이 니드 투 겟 바이

이곳은 내 자리입니다.
I think it's my seat.

아이 씽크 잇츠 마이 씨이트

가방이 선반에 들어가질 않아요.
My bag won't fit in the shelf.

마이 백 워운트 휫 인 더 쉘프

여기 짐을 두어도 괜찮겠습니까?
Can I put my bag up?

캔 아이 풋 마이 백 업

저랑 자리 좀 바꿔 주시겠어요?
Could you change seats with me, please?

쿠 쥬 체인쥐 씨잇츠 윗 미 플리즈

의자를 뒤로 젖혀도 될까요?
Do you mind if I recline my seat?

두 유 마인드 이프 아이 리클라인 마이 씨이트

기내에서 02

기내서비스 이용

항공기 이착륙시는 절대 담배를 피우면 안 된다. 이륙시 귀가 멍한 경우에는 사탕이나 껌을 씹는다. 기내화장실 이용시 표시등이 빨간불(occupied)이면 사용중, 비어 있으면 녹색불(vacant)이다.

너무 춥네요.
I can't stand this cold.

아이 캔트 스탠드 디스 콜드

담요 좀 주시겠어요?
Could you get me a blanket, please?

쿠 쥬 겟 미 어 블랭킷 플리즈

잡지 좀 주시겠어요?
Can I see some magazines?

캔 아이 씨 썸 매거진스

한국 신문을 읽고 싶어요.
Korean newspaper, please.

코리언 뉴스페이퍼 플리즈

머리가 아프네요.
I have a headache.

아이 해브 어 헤드에익

비행기 멀미인 것 같아요.
I think I feel airsick.

아이 씽크 아이 휠 에어씩

멀미약을 주세요.
Could I get something for airsickness?

쿳 아이 겟 썸씽 훠 에어씩크니스

소화제 약을 주세요.
Some digestive medicine, please

썸 다이제스티브 메디슨 플리즈

토할 것 같아요.
I feel nauseous.

아이 휠 너셔스

멀미 봉지는 어디 있나요?
Where is the airsickness bag?

웨어 이즈 디 에어씩크니스 백

기내에서 03

기내식

기내에서는 식사나 음료수, 물을 무료로 제공하나 외국 항공사 중엔 주류(와인)값을 별도로 받는 곳도 있다. 항공료에 포함되어 있는지 아니면 별도로 받는지 확인이 필요하다. 단, 상공에서는 지상보다 기압이 낮아 과음은 절대 금물.

음료수 좀 주시겠습니까?
May I have a glass of beverage, please?

메이 아이 해브 어 글래스 어브 베버리쥐 플리즈

음료는 어떤 것이 있습니까?
What kind of drinks do you have?

왓 카인드 어브 드링스 두 유 해브

커피/쥬스를 주세요.
Coffee/Juice, please.

커피/쥬스 플리즈

커피 좀 더 주시겠어요.
Could I have some more coffee, please.

쿳 아이 해브 썸 모어 커피 플리즈

지금은 식사를 하고 싶지 않아요.
Sorry, but I don't want a meal now.

쏘리 밧 아이 돈트 원트 어 미일 나우

쇠고기 요리로 주세요.
Beef, please.

비프 플리즈

생선 요리로 주세요.
Fish, please.

휘쉬 플리즈

닭고기로 주세요.
Chicken, please

치킨 플리즈

물 좀 주세요.
Water, please.

워터 플리즈

접시를 치워 주세요.
Could you take away my tray?

쿠 쥬 테익 어웨이 마이 츄레이

기내에서 04

출입국카드작성 및 면세품을 구입할 때

도착지 공항에 내리면 입국카드를 작성하게 된다. 그러므로 기내에서 미리 써두면 편리하다. 입국카드 기재사항은 다음과 같다.
- 이름 : name
- 성 : surname 혹은 family name
- 생년월일 : date of birth
- 여권번호 : passport no
- 탑승 항공기 : flight no
- 직업 : occupation
- 자필서명 : signature
- 입국사유 : purpose of visit
- 체류예정 일수 : Intended Days of stay
- 남녀 : male/female
- 체류장소 : place of stay

Tranist Lounge(공항의 통과승객용 라운지)에서 면세품 쇼핑도 가능하다.

입국카드 작성법을 가르쳐 주세요.
I have a question about this immigration card.

아이 해브 어 퀘스천 어바웃 디스 이머그레이션 카드

입국 신고서 다 작성하셨습니까?
Did you fill out your entry form?

디 쥬 휠 아웃 유어 엔트리 훰

입국 신고서 맞는지 좀 봐 주세요?
Can you check if I filled this out correctly?

캔 유 첵 이프 아이 휠드 디스 아웃 커렉틀리

면세품 판매는 언제 시작됩니까?
When do you start your duty-free sales?

웬 두 유 스탓 유어 듀티-후리 세일즈

기내 면세점을 이용하시겠습니까?
Would you like a duty-free catalog?

우 쥬 라익 어 듀티-후리 캐덜록

면세품 목록을 보여 주시겠어요?
Can I see the list of duty free items, please?

캔 아이 씨 더 리스트 어브 듀티 후리 아이템스 플리즈

어떤 담배가 있나요?
What cigarettes do you have?

왓 시거렛츠 두 유 해브

이것으로 주세요.
I'll take this.

아윌 테익 디스.

한국 돈 받습니까?
Is Korean won OK?

이즈 코리언 원 오케이

활·용·단·어

항공사 airline
에어라인

항공권 air ticket
에어 티킷

탑승구 boarding gate
보딩 게이트

탑승권 boarding pass
보딩 패스

고도 altitude
앨터튜드

비행시간 flying time
훌라잉 타임

승무원 flight attendant
훌라잇 어텐던트 • 승무원을 부를 때는 "Excuse me"로 말한다.

좌석 벨트 seat belt
씨잇 벨트

비상구 emergency exit
이머전시 엑짓

비상용 버튼 call button
콜 버튼

구명조끼 life vest
라이프 베스트

하강수직기류 air pocket
에어 포켓

선반 shelf
셸프

짐 baggage
배기쥐

가방 suitcase
숫케이스

쓰레기함 towel disposol
타올 디스포절

화장실 lavatory
레버토리

사용중 occupied
아큐파이드

비어있음 vacant
베이컨트

통로 aisle
아일

창가좌석 window seat
윈도 씨이트

헤드폰 headphone(= headset)
헤드폰(= 헤드셋)

기내식 in-flight meal
인-훌라잇 미일

채식주의자 vegetarian
베지테리언

비행기멀미 airsickness
에어씩크니스

약 medicine
메디슨

출입국

◆ 입국 절차

1. 입국심사 : 여권, 출입국 신고서(Form I-94)
2. 수화물찾기(Baggage claim) : 수화물을 찾아 세관 검사를 받기
3. 세관검사 : 세관 신고서(Customs declaration form)

◆ 현지 입국신고서 및 세관신고서 작성

현지 공항에 도착하기 전에 기내에서 입국카드 및 세관카드를 받게 되는데, 소지하고 있는 영어회화 책이나 전자사전 등을 이용하여 각 질의항목에 대해 자세하고 성실하게 작성해야 하며, 카드가 한글 양식이라도 무조건 영문으로 답변을 작성한다. 이러한 카드들을 작성하는데 자신이 없는 승객은 승무원의 도움을 받아 작성하면 된다.

◆ 입국심사 및 통관

출구를 따라 계속 걸어가면 입국 심사대(Immigration Desk)가 나오는데, 이 경우 대개 승객들이 줄을 서서 자신의 차례를 기다리고 있으므로, 여권과 기내에서 작성한 입국신고서를 준비하여 자기 차례가 되면 심사관 앞에 가서 여권과 출입국 신고서(Form I-94)를 제출한다. 이때 보통 심사관이 한 세 가지 정도, 질문을 하는데 목적, 머무를 곳, 기간 등을 질문한다. 이러한 절차를 거

TRAVEL TIP

쳐 여권에 입국허가를 한다.

◐ 돌려받은 I-94의 아래 부분을 잘 보관하자.

입국 심사가 끝나면 입국 심사관이 여권에 도장을 찍고, 미국에 머무를 수 있는 날짜를 기입하고, 출입국 신고서(Form I-94)의 윗부분은 찢어가고 아래 부분은 돌려준다. 이 아랫부분은 미국에서 출국할 때 제출해야 출국 신고가 된다. 만약 이것을 제출하지 않고 출국한다면 다시 미국에 들어 갈 수 없을 수도 있다. 따라서 아래 부분을 분실하지 않도록 보관에 유의하자.

입국심사를 마치고 통과하면 짐을 찾는 장소가 나온다. 대개 'Baggage Claim'이라는 안내판이 부착되어 있으며, 이 장소로 가면 콘베이어 벨트를 통해서 짐이 나오므로 본인이 타고 온 비행기 번호(Flight No)가 표시된 곳으로 가서 잠시 기다리면 짐을 찾을 수 있다.

짐을 찾고 나서 여권과 세관신고서를 가지고 세관심사대를 통과해야 한다. 이때 신고해야 할 물품을 소지한 사람은 신고대로, 그럴 필요가 없는 사람은 비 신고대로 가서 확인을 받는다.

입국하기

공항에 도착하면 'Arrival', 'Immigration'라는 표시가 나온다. 이 표시를 따라 가면 입국 심사대가 나온다. 입국 심사대는 내국인과 외국인이 구분되어 있으며 외국인 전용 심사대(foreigner immigration desk)에서 입국 수속절차를 마치면 ok!

입국 목적이 뭡니까?
What is the purpose of your visit?

왓 이즈 더 퍼퍼즈 어브 유어 비짓

사업상 방문입니다.
On business.

언 비즈니스

이 나라는 처음이십니까?
Is this your first time?

이즈 디스 유어 훠스트 타임

얼마동안 머무르실 겁니까?
How long will you stay?

하우 롱 윌 유 스테이

1주일간 머물거예요.
I'll stay for one week.

> 아윌 스테이 훠 원 워크

어디서 머무를 겁니까?
Where will you stay?

> 웨어 윌 유 스테이

힐튼호텔에 머물거예요.
At the Hilton.

> 앳 더 힐튼

현금은 얼마나 가지고 계십니까?
How much money do you have?

> 하우 머치 머니 두 유 해브

500달러 정도입니다.
About five hundred dollars.

> 어바웃 화이브 헌드레드 달러스

돌아갈 항공권은 갖고 계신가요?
Do you have a return airplane ticket?

> 두 유 해브 어 리턴 에어플레인 티킷

입국심사 06

세관통과

세관통과 시에는 보통 비행기에서 작성한 세관신고서(Customs Declaration Form)만 받고 통과 시킨다. 그러나 짐이 많거나 의심이 가는 경우 질문을 받을 수도 있지만 자신있게 밝히면 된다. 다만 신고서에 신고할 것이 없다고 하고서 나중에 이를 수정할 경우 의심을 받을 수 있기 때문에 언행에 유의를 하자.

여권 좀 보여주시겠어요?
May I see your passport, please?

메이 아이 씨 유어 패스포트 플리즈

신고할 물건이 있습니까?
Do you have anything to declare?

두 유 해브 애니씽 투 디클래어

예, 있습니다.
Yes, I do.

예스 아이 두

짐을 보여 주세요.
Please show me your baggage.

플리즈 쇼우 미 유어 배기쥐

모두 내 개인 용품입니다.
All my personal use.

올 마이 퍼스널 유스

제 친구에게 줄 선물입니다.
This is a gift for my friend.

디스 이즈 어 기프트 훠 마이 후렌드

이 품목은 세금을 내셔야 합니다.
You'll have to pay a duty on this item.

유윌 해브 투 페이 어 듀티 언 디스 아이템

이것은 금지된 품목입니다.
This is a prohibited item.

디스 이즈 어 프로히빗티드 아이템

이 물건은 가져갈 수가 없습니다.
You're not allowed to bring this.

유어 낫 얼라우드 투 브링 디스

입국심사 07

수화물 찾기

도착 후 별도로 부친 짐은 비행기편에 따라 찾는 곳이 다르다. 반드시 본인이 타고 온 비행기편을 알아두고 안내 표지판이나 전광판을 잘 확인하는 것도 잊어서는 안된다. 혹 짐을 분실했을 경우에는 출구시 받은 수화물확인증과 여권, 그리고 항공권을 갖고 화물 분실신고센터를 찾아가 분실신고를 해야 한다는 것도 알아두자.

제 짐이 없어졌어요.
My baggage is missing.

마이 배기쥐 이즈 미씽

제 짐 중에 하나가 안 나왔어요.
One of my baggage hasn't come out.

원 어브 마이 배기쥐 해즌트 컴 아웃

제 짐이 아닙니다.
This is not mine.

디스 이즈 낫 마인

제 짐을 찾아 주시겠어요?
Can you find my baggage?

캔 유 화인드 마이 배기쥐

조금 시간이 걸립니다.
It is going to take a while.

잇 이즈 고잉 투 테익 어 와일

손님 짐의 특징을 말해 보세요.
Could you describe your baggage?

쿠 쥬 디스크라이브 유어 배기쥐

수하물 보관증 좀 보여주시겠어요?
Could I see your baggage claim tag?

쿳 아이 씨 유어 배기쥐 클레임 택

짐을 찾으면 연락 해 주세요.
Please call me when you find my baggage.

플리즈 콜 미 웬 유 화인드 마이 배기쥐

힐튼 호텔로 연락주시겠습니까?
Would you call me to the Hilton Hotel, please?

우 쥬 콜 미 투 더 힐튼 호텔 플리즈

입국심사 08

환승 및 경유

공항에 도착하면 경유(transit)나 환승(transfer)표지를 따라간다. 같은 항공사로 환승하면 전체 일정 보딩패스를 받았기 때문에 탑승구를 확인하고 대기하면 된다. 항공사가 다를 경우에는 항공권을 제시하고 다시 탑승권을 받아야 한다.

비행기를 갈아타야 해요.
I have to take a connecting flight.

아이 햅 투 테익 어 커넥팅 흘라잇

환승 카운터는 어디에 있습니까?
Where is the transit counter?

웨어 이즈 더 츄랜짓 카운터

환승카드 여기 있습니다.
Here's your transit card.

히얼즈 유어 츄랜짓 카드

환승카드를 잃어 버렸어요.
I lost my transit pass.

아이 로스트 마이 츄랜짓 패스

제 수화물은 어떻게 해야 합니까?
What should I do with my checked baggage?
왓 슛 아이 두 윗 마이 첵트 배기쥐

그건 자동으로 다른 비행기로 옮겨갑니다.
It'll be automatically transferred to your next flight.
잇윌 비 어러매틱클리 츄랜스퍼드 투 유어 넥스트 훌라잇

연결 편을 놓쳤습니다. 어떻게 합니까?
I missed my connecting flight. What should I do?
아이 미스트 마이 커넥팅 훌라잇 왓 슛 아이 아이 두

탑승 수속은 어디서 하나요?
Where can I check in?
웨어 캔 아이 첵 인

여기서 얼마나 머무나요?
How long will we stop here?
하우 롱 윌 위 스탑 히어

언제 탑승하나요?
When do we board?
웬 두 위 보오드

활·용·단·어

여권 passport
　　　패스포트

입국 immigration
　　　이머그레이션

국적 nationality
　　　내셔낼러티

직업 occupation
　　　아큐페이션

목적 purpose
　　　퍼퍼스

관광 sightseeing
　　　싸이트씨잉

방문 visit
　　　비짓

초청장 invition letter
　　　　인비테이션 레터

목적지 destination
　　　　데스터네이션

왕복 티켓 round-trip ticket(= return ticket)
　　　　　라운드 티켓(= 리턴 티켓)

편도 티켓 one-way ticket
　　　　　원-웨이 티켓

이륙 take-off　　　　　착륙 landing
　　　테익 오프　　　　　　　랜딩

출발 departure
　　　디파춰

한국어	영어	발음
도착	arrival	어라이벌
정시에	on time	언 타임
연착된	delayed	딜레이드
결항된	cancelled	캔슬드
대기	stand-by	스탠드바이
환승	transit	츄랜짓
환승 비행기	connecting flight	커넥팅 홀라잇
국내선	domestic flight	더메스틱 홀라잇
신고하다	declare	디클레어
수화물보관증	baggage claim tag	배기쥐 클레임 택
세관 신고서	customs declaration form	커스텀즈 데클러레이션 훰
세관검사	customs inspection	커스텀즈 인스펙션
개인물건	personal belongings	퍼스널 빌롱잉스

출입국

공항에서 09

관광안내소 이용

시간이 있는 여행객은 공항에 설치되어 있는 관광 안내소를 이용하는 것도 좋다. 관광 안내소를 찾아가면 시내지도나 교통 노선도, 관광 명소 안내서 등 여행객을 위한 각종 정보자료가 비치되어 있다. 미리미리 챙겨 놓으면 여행에 많은 도움이 될 수 있다.

관광 안내소가 어디죠?
Where is the tourist information(office)?
웨얼 이즈 더 투어리스트 인퍼메이션(어피스)

공중전화는 어디 있나요?
Where is the pay phone?
웨얼 이즈 더 페이 폰

힐튼호텔 행 버스가 있습니까?
Are there any buses to the Hilton?
아 데어 애니 버시즈 투 더 힐튼

~ 호텔은 어떻게 가야 합니까?
How can I get to ~ hotel?
하우 캔 아이 겟 투 ~호텔

~ 호텔까지 가는 가장 빠른 방법이 뭐죠?
What's the quickest way to the ~ Hotel?

왓츠 더 퀵이스트 웨이 투 더 ~ 호텔

~ 호텔까지 얼마나 걸리죠?
How long can I get to ~ hotel?

하우 롱 캔 아이 겟 투 ~ 호텔

근처에 어느 호텔이 괜찮은가요?
Could you suggest a good hotel near here?

쿠 쥬 써제스트 어 굿 호텔 니어 히어

도시 지도를 주시겠습니까?
Can I have a city map?

캔 아이 해브 어 씨티 맵

호텔 리스트가 있습니까?
Do you have a hotel list?

두 유 해브 어 호텔 리스트

호텔 예약을 해주실 수 있습니까?
Could you reserve a hotel for me?

쿠 쥬 리저브 어 호텔 훠 미

공항에서 10

환전

여행경비는 사전에 철저한 계획을 세워 준비해 두는 것이 현명하다. 한국에서 거래하는 은행에 환전하는 게 유리하다. 특히 동전은 재환전이 되지 않기 때문에 가능하면 동전을 먼저 지출하는 것이 좋다. 또한 영국, 스위스는 자국 화폐로 환전한다는 것도 알아두자.

환전소는 어디 있습니까?
Where's the money exchange?

웨얼즈 더 머니 익스체인쥐

한국 원을 200달러로 환전하고 싶은데요.
I'd like to buy 200 dollars with won.

아이드 라익 투 바이 투헌드레드 달러스 윗 원

10불하고 20불짜리로요.
In 10 and 20 dollar bills.

인 텐 앤 트웬티 달러 빌즈

한화를 미화로 바꿔 주세요.
Can you change korean won into dollars?

캔 유 체인쥐 코리안 원 인투 달러즈

오늘의 원달러 환율은 얼마입니까?
What is today's dollar-won rate for cash?

왓 이즈 투데이즈 달러-원 레잇 휘 캐쉬

동전으로 바꿔주시겠어요?
Could I get some change?

쿳 아이 겟 썸 체인쥐

이 여행자 수표를 현금으로 바꿔 주시겠습니까?
Can you cash these travelers' checks for me?

캔 유 캐쉬 디즈 츄레블러스 첵스 휘 미

한화를 유로화로 바꿔 주세요.
Please change korean money into euro.

플리즈 체인쥐 코리안 머니 인투 유로

20 유로짜리 5장과 10유로짜리 10장 그리고 나머지는 동전으로 부탁합니다.
Five twenties, ten tens and the rest in coins, please.

회이브 트원티즈 텐 텐스 앤 더 레스트 인 코인즈 플리즈

공항에서 11

시내로 가는 교통편

짐이 없으면 버스나 지하철 등 대중교통 수단을 이용하는 것이 편한 것은 우리나 외국이나 마찬가지. 다만 미국의 버스는 교통비는 저렴하지만 교통망이 혼잡하고 지역마다 요금체계도 다르다는 점을 유의해야 한다. 택시는 편하지만 요금 부담이 크다는 것이 단점.

공항 셔틀 버스는 어디에서 탑니까?
Where do I get the airport shuttle bus?

> 웨어 두 아이 겟 디 에어포트 셔틀 버스

리무진 버스 정류장은 어디입니까?
Where is the limousine bus stop?

> 웨어 이즈 더 리무진 버스 스탑

다음 리무진 버스는 언제 있습니까?
When is the next limousine?

> 웬 이즈 더 넥스트 리무진

버스 정류장은 어디죠?
Where can I catch the bus?

> 웨어 캔 아이 캐치 더 버스

택시 승강장은 어디입니까?
Is there a taxi stand nearby?

이즈 데어러 택시 스탠드 니어바이

이 짐을 트렁크에 실어주세요.
Please put this baggage in the trunk.

플리즈 풋 디스 배기쥐 인 더 츄렁크

여기 내려 주세요.
Please let me off here.

플리즈 렛 미 오프 히어

요금 얼마입니까?
How much is it?

하우 머치 이즈 잇

잔돈은 가지세요.
Keep the change.

킵 더 체인쥐

트렁크를 열어주세요.
Open the trunk, please.

오픈 더 츄렁크 플리즈

활·용·단·어

관광안내소　tourist information center
　　　　　　투어리스트 인퍼메이션 센터

팜플렛　pamphlet　　　　　한장으로된 팜플렛　leaflet
　　　　팸플릿　　　　　　　　　　　　　　　　리플릿

관광책자　brochure
　　　　　브로슈어

지도　map
　　　맵

교통수단　transportation
　　　　　츄랜스퍼테이션

관광지　tourist place
　　　　투어리스트 플레이스

리무진 버스　limousine
　　　　　　리무진

버스요금　bus fare
　　　　　버스 훼어

택시 정류장　taxi stand
　　　　　　택시 스탠드

짐꾼　porter
　　　포터

시내　downtown
　　　다운타운

공중전화　pay phone(= public telephone)
　　　　　페이폰(= 퍼블릭 텔레폰)

데리러 나오다　pick up
　　　　　　　픽 업

환전소	money exchange	머니 익스췌인쥐
환율	exchange rate	익스췌인쥐 레잇
통화, 화폐	currency	커런시
지폐	bill	빌
동전	coin	코인
잔돈	small change	스몰 췌인쥐
1센트	1 cent(penny)	원 센트(페니)
5센트	5 cents(nickel)	화이브 센츠(니클)
10센트	10 cents(dime)	텐 센츠(다임)
25센트	25 cents(quarter)	투웬티 화이브 센츠(쿼터)
여행자 수표	a traveler's check	츄레블러스 첵
싸인	signature	씨그니처
싸인하다	sign one's name	싸인 원즈 네임
이서하다	endorse	인도스

Chapter 3
숙박

호텔
01. 호텔 예약
02. 체크인
03. 룸 서비스 ①
04. 룸 서비스 ②
05. 호텔시설 이용
06. 호텔에서 전화
07. 트러블
08. 체크아웃

유스호스텔
09. 유스호스텔 문의
10. 요금을 물을 때
11. 위치를 물을 때

❍ 호텔예약 요령

여행을 떠나기 전에 국내에서 여행사나 체인호텔 예약시스템을 통해 자신이 원하는 곳, 등급호텔을 저렴한 가격으로 예약이 가능하다. 호텔이 예약되었을 때는 "예약확인서(CONFIRM SHEET)"와 숙박권(HOTEL VOUCHER)을 주는데 이는 현지 호텔에서 체크인 할 때 사용된다. 또한 투숙하기 전에 객실을 예약하였다 하더라도 투숙한 2~3일 전에는 반드시 예약 확정 여부를 확인해야 한다. 단 일정이 변경되거나 하면 바로 예약을 취소하여야 하며 호텔에 따라 약간의 차이가 있으나 당일 취소할 경우 위약금을 지불해야 하는 경우도 있으므로 취소는 가능한 빨리 해야 손해를 최소화 할 수 있다

※ 미국 여행시 가능하다면 저렴한 캠핑을 하는 것도 좋다. 캠핑장은 국립공원 또는 주립공원마다 있고 도시주변에 사설 캠핑장도 많다. 캠핑이 어려울 경우 모텔 숙박이 비교적 저렴하다. 미국내 여행협회의 일종으로 AAA(트리플 A)가 있는데 여기에 회원으로 가입하면 많은 숙박업소 등에서 할인 혜택이 있고, 무료로 지도와 관광안내 책자를 구할 수도 있다. 또한 랜트카가 고장 났을 때 무료로 서비스를 받을 수도 있다. 누구나 가입할 수 있고 가입비는 20달러 정도다.

TRAVEL TIP

◐ 호텔에 도착하여

호텔에 도착하면 먼저 프런트에 가서 등록카드(Registration)를 작성한다. 등록카드는 가족 동반의 경우를 제외하고 한 사람씩 작성하게 되어 있는데 특히 주소를 자세히 적는 것이 중요하다. 호텔 체크아웃 이후에 배달된 서류나 우편물, 분실물 등 고객을 위한 부가서비스를 신속하게 받을 수 있다. 짐은 다가오는 벨보이에게 부탁하고 객실 번호를 알려준 후 벨 보이를 따라서 객실로 가면 벨보이가 짐을 객실 내로 날라 주고 간단한 객실 이용 설명을 해준다. 이때 고맙다는 말과 함께 약간의 팁을 잊지 않도록 한다.

◐ 객실내에서

객실 텔레비전에는 일반 채널과 호텔 자체에서 개설해 놓은 자체 채널등 두 가지가 있다. 일반채널은 그 나라의 방송 채널이고 자체 채널은 유료 TV 시스템으로 되어있는 채널로서 홍보용 호텔 전용채널을 비롯해, 영화방영채널, 스포츠채널, 혹은 비즈니스고객을 위한 24시간 CNN뉴스 채널 등으로 다양하게 구성되어 있다. 성인 VIDEO나 영화채널을 선택할 때마다 요금이 부과되는 곳이 대부분이다. 요금은 호텔 체크아웃시 지불해야 하므로 이러한 자체 채널의 시청은 객실내에 비치되어 있는 프로그

숙박

램 안내서나 안내책자를 활용하면, 여러 시설물들을 잘 이용할 수 있다. 일부 호텔은 객실 내에서 팩스 시설은 물론 전화선과 전용선을 통한 인터넷 접속 서비스를 제공하기도 한다.

◐ 객실열쇠

잠깐이라도 객실 밖으로 나갈 때에는 반드시 키나 카드를 가지고 나간다. 또한 외출시는 반드시 프론트에 맡긴다. 대부분의 호텔은 도난방지 및 고객의 안전을 위하여 문이 닫히면 자동 잠금장치로 되어있어 낭패를 보는 일이 있다. 어떤 호텔에서는 베란다의 창문도 자동 잠금장치가 되어 있는 경우가 있으므로 베란다에 나갈 때는 반드시 창문을 열어두는 것이 좋다.

◐ 욕실 이용

샤워를 할 때에는 커튼을 욕조안쪽으로 한 후 샤워시에는 물이 밖으로 튀거나, 넘치는 일이 없도록 주의해야 한다.
영어를 사용하는 국가에서는 온수를 H(Hot)로, 냉수를 C(Cold)로 표시해 놓고 있다. 그러나 프랑스, 스페인, 이탈리아 등에서는 온수를 C(Chaud), 냉수를 F(Froid)로 표시하기 때문에 혼동할 수 있으므로 주의해야한다.

TRAVEL TIP

◐ 팁을 주어야 할 때

- 벨보이, 포터가 짐을 날라 줬을 때 1달러 정도 준다.
- 택시를 타고 내릴 때 요금에 더하여 약간의 잔돈을 팁으로 준다.
- 호텔에서 세탁물을 맡기고 찾을 때 1달러 정도 팁을 준다.
- 식당에서 식사를 한 후에는 요금의 10% 정도를 팁으로 준다.
- 호텔 객실에서 룸서비스를 받은 경우 1달러 정도를 준다.
- 호텔의 룸 메이드에게는 베개 밑이나 테이블 위에 1달러 정도 놓아둔다.
- 호텔 도어맨이 택시를 불러 주었을 때 팁을 준다.
- 공중 화장실에서 종이를 건네준 사람에게 약간의 팁을 준다.

숙박

호텔 예약

현지에서 묵을 호텔은 한국에서 미리 예약을 해두는 것이 요금면에서 유리하다. 현지에서 찾을 경우에는 공항이나 주요역, 또는 시내에 있는 관광 안내소를 찾아 도움을 받는 것도 좋다. 비행 시간이 늦어 관광 안내소를 이용할 수 없을 경우 직접 숙박업소들이 밀집되어 있는 곳을 찾아가 정하는 것도 방법이다.

빈방 있습니까?

Do you have a room?

두 유 해브 어 룸

예약을 하지 못했습니다.

I didn't make a reservation.

아이 디든트 메익 어 레저베이션

어떤 방을 원하십니까?

What kind of room do you have in mind?

왓 카인드 오브 룸 두 유 해브 인 마인드

싱글 룸을 드릴까요, 더블 룸을 드릴까요?
A single room, or a double room?

어 싱글 룸 오 어 더블 룸

싱글 룸을 주세요.
A single room, please.

어 싱글 룸 플리즈

하루에 얼마입니까?
What's the rate for a room per night?

왓츠 더 레잇 훠 어 룸 퍼 나잇

전망 좋은 방으로 주세요.
I want a room with a nice view.

아이 원트 어 룸 윗 어 나이스 뷰

조용한 방으로 주세요.
I'd like a quiet room.

아이드 라익 어 콰이엇 룸

몇 호실이시죠?
What's your room number, please?

왓츠 유어 룸 넘버 플리즈

호텔 02

체크인

보통 호텔의 체크인 시간은 오후 2시 이후로 되어 있다는 것을 알아두자. 만일 도착 시간이 체크인 시간보다 늦어질 경우에는 예약이 취소될 수도 있으므로 사전에 전화로 알려야 한다.

체크인을 하려고 합니다.
I'd like to check-in

아이드 라익 투 첵-인

예약을 하셨습니까?
Have you made a reservation?

해브 유 메이드 어 레저베이션

이것이 확인서입니다.
Here's my confirmation slip.

히얼즈 마이 컨훠메이션 슬립

5일간 예약했습니다. 내 이름은 ~입니다.
I have a reservation for five nights. My name is ~ .

아이 해브 어 레저베이션 훠 화이브 나이츠 마이 네임 이즈 ~

이 숙박카드에 기록 좀 해주십시오.
Will you fill in this registration form, please?
> 윌 유 휠 인 디스 레지스트레이션 훰 플리즈

좀더 큰 방으로 바꿔주세요.
Could you fix me up with a bigger room?
> 쿠 쥬 휙스 미 업 윗 어 비거 룸

귀중품을 맡길 수 있을까요?
Can I deposit valuables here?
> 캔 아이 디파짓 밸류어블즈 히어

언제까지 보관하실 건가요?
How long would you like us to keep it?
> 하우 롱 우 쥬 라익 어스 투 킵 잇

다음주 화요일 체크아웃 할 때까지요.
Till next Tuesday when we check out.
> 틸 넥스트 튜스데이 웬 위 첵 아웃

짐을 방안까지 옮겨 주세요.
Could you bring my baggage?
> 쿠 쥬 브링 마이 배기쥐

호텔 03

룸서비스 ①

호텔 룸서비스를 이용할 시에는 반드시 무료인지 유로인지 확인한 후에 사용해야 한다는 점 잊지말자. 또한 객실 냉장고에 비치되어 있는 물품은 비쌀 뿐더러 체크아웃 때 계산해야 하므로 반드시 가격을 확인하고 이용하는 것이 현명한 방법이다.

룸서비스 부탁합니다.
Room service, please.
룸 서비스 플리즈

비상구는 어디 있나요?
Where is the emergency exit?
웨어 이즈 디 이머전씨 엑짓

아침 식사는 몇 시부터 할 수 있습니까?
What time is breakfast?
왓 타임 이즈 브렉훠스트

아침을 주문하고 싶어요.
I'd like to order breakfast, please.
>아이드 라익 투 오더 브렉훠스트 플리즈

식당은 어디 있나요?
Where is the dining room?
>웨어 이즈 더 다이닝 룸

커피숍은 어디에 있나요?
Where is the coffee shop?
>웨어 이즈 더 커피 샵

6시에 모닝콜 좀 부탁드려요.
Can I have a wake-up call at six?
>캔 아이 해브 어 웨익-껍 콜 앳 씩스

세탁을 부탁합니다.
I'd like to call the laundry service.
>아이드 라익 투 콜 더 런드리 써비스

방을 청소해 주세요.
Could you clean my room?
>쿠 쥬 클린 마이 룸

호텔 04

룸서비스 ②

아침에 일찍 일어날 때에는 wake-up call을 (모닝콜) 교환에 부탁하면 시간에 맞춰 전화를 걸어주어 알람을 대신할 수 있다.

하루 더 묵고 싶어요.

I want to stay one day longer.

아이 원 투 스테이 원 데이 롱거

하루 일찍 떠나고 싶어요.

I want to leave one day earlier.

아이 원 투 리브 원 데이 얼리어

누구세요?(누군가 노크하면)

Who is it?

후 이즈 잇

잠시 기다리세요.
I'm coming.

아임 컴밍

들어오세요.
Come on in.

컴 온 인

가능한 빨리 해주세요.
As soon as possible, please.

애즈 순 애즈 파서블, 플리즈

사람을 보내주시겠어요?
Could you send someone up?

쿠 쥬 센드 썸원 업

6시에 깨워주세요.
Please call me at 6 o'clock.

플리즈 콜 미 앳 씩스 어클럭

6시에 깨워드리겠습니다.
I will wake you up at 6.

아이 윌 웨익 유 업 앳 씩스

호텔 05

시설 이용

호텔은 투숙객들이 쾌적하게 시간을 보낼 수 있도록 각종 편의시설을 구비하고 있다. 호텔 시설을 이용하기 전에 각 룸에 비치되어 있는 호텔 가이드 안내책자를 이용하면 된다.

호텔에는 어떤 시설이 있나요?
What kinds of facilities are there in the hotel?

왓 카인즈 어브 휘실리티스 아 데어 인 더 호텔

비즈니스 / 휘트니스, 센터가 있습니까?
Is there a business center / fitness center?

이즈 데어 어 비즈니스 센터/ 휘트니스 센터

비즈니스 센터는 몇시까지 합니까?
How late is the business center open?

하우 레잇 이즈 더 비즈니스 센터 오픈

인터넷을 할수 있습니까?
Can I use the Internet?

캔 아이 유즈 디 인터넷

수영장이 있습니까?
Do you have a swimming pool?

두 유 해브 어 스위밍 풀

미용실이 있습니까?
Is there a beauty salon?

이즈 데어 어 뷰티 살런

유료 / 무료 입니까?
Is there a charge / Is it free?

이즈 데어 어 차아쥐/이즈 잇 후리

입장 요금을 받는 곳도 있습니다.
You should pay for an admission fee in some places.

유 슛 페이 휘 언 어드미션 휘 인 썸 플레이시스

미스터 김을 불러 주세요.
Could you page Mr. Kim over here?

쿠 쥬 페이쥐 미스터 김 오버 히어

이 호텔 주소가 있는 카드를 구할 수 있을까요?
Can I have a card with the hotel's address?

캔 아이 해브 어 카드 윗 더 호텔스 어드레스

호텔 06

호텔에서 전화

전화를 걸 때에는 'Is ~ around?' 혹은 'Is ~there' 이라는 표현을 자주 사용한다. 자동전화를 걸 때에는 해당국 국제 자동전화번호+한국 국가번호(82)+국가 지역번호(첫자리0 생략)+가입자 번호 순서대로 건다.

방에서 국제전화 할 수 있나요?

Can I make an overseas call from my room?

캔 아이 메익 언 오버씨즈 콜 후럼 마이 룸

시내 전화는 어떻게 하나요?

How do I make a local call?

하우 두 아이 메익 어 로컬 콜

한국으로 수신자 부담 전화할 수 있습니까?

Could I make a collect call to korea?

쿳 아이 메익 어 콜렉트 콜 투 코리아

전화를 끊으세요, 연결되면 전화하겠습니다.

Please hang up, I'll ring you when you're connected.

플리즈 행 업 아이윌 링 유 휀 유어 커넥티드

누구에게 전화 하시나요?
To whom are you calling?

투 훔 아 유 콜링

저한테 연락 온 거 없나요?
Do you have any message for me?

두 유 해브 애니 메시쥐 훠 미

통화중입니다.
The line is busy.

더 라인 이즈 비지

10분후에 다시 전화하세요.
Please call back in 10 minutes.

플리즈 콜 백 인 텐 미닛츠

미안합니다, 잘못 걸었습니다.
I'm sorry, I have the wrong number.

아임 쏘리 아이 해브 더 롱 넘버

나중에 전화요금을 알려주시겠습니까?
Could you tell me the cost of the call later?

쿠 쥬 텔 미 더 코스트 오브 더 콜 레이터

호텔 07

트러블

호텔에서 문제가 발생했을 때에는 당황하지 말고 즉시 프런트를 찾아가서 도움을 요청한다. 불가피하게 룸을 비울 수 없을 경우에는 누군가를 보내달라고 하면 된다. 무엇보다 당황하지 않고 신속하게 도움을 청하는 것이 최우선.

일이 생겼어요.
I have a problem.
아이 해브 어 프롸블럼

무슨 일이십니까?
What is the problem?
왓 이즈 더 프롸블럼

방에 열쇠를 두고 나왔습니다.
I got locked out.
아이 갓 락트 아웃

열쇠를 잃어버렸어요.
It looked like I lost my key.
잇 룩트 라익 아이 로스트 마이 키

비누가 없어요.
There's no soap.
> 데얼즈 노우 쏘우프

온수 / 냉수 물이 안 나와요.
There is no hot water/cold water.
> 데어 이즈 노우 핫 워터/콜드 워터

샤워기가 고장 났습니다.
The shower isn't working.
> 더 샤워 이즌트 월킹

에어컨이 고장 났어요.
The air conditioner is broken.
> 디 에어 컨디셔너 이즈 브로큰

텔레비전의 화면 상태가 안 좋아요.
My TV isn't working.
> 마이 티비 이즌트 월킹

방을 바꿔주시겠습니까?
Could I get a different room?
> 쿳 아이 겟 어 디퍼런트 룸

숙박 08

체크아웃

호텔 체크아웃 시간은 대개 12시이나 호텔마다 체크아웃 시간이 달라 미리 확인해 두는 것이 좋다. 체크아웃 시간 이후에 나가게 되면 추가 요금을 내야하기 때문. 또 체크아웃 시 객실 비품 검사가 있으므로 분실하지 않도록 주의한다.

체크아웃은 몇 시에 하나요?
What's the check-out time?

왓츠 더 첵-아웃 타임

체크아웃을 하겠습니다.
I'd like to check out.

아이드 라익 투 첵 아웃

숙박비가 얼마죠?
How much is the room charge?

하우 머치 이즈 더 룸 차아쥐

계산서가 잘못된 것 같습니다.
I think this bill is wrong.

아이 씽크 디스 빌 이즈 롱

청구서를 보여주세요.
Please show me my bill.

플리즈 쇼우 미 마이 빌

신용카드로 지불해도 되나요?
Can I pay by credit card?

캔 아이 페이 바이 크레딧 카드

여행자 수표도 됩니까?
Do you accept a traveler's check?

두 유 액셉트 어 츄래블러즈 첵

짐을 가지러 와주세요.
Could you come and get my baggage?

쿠 쥬 컴 앤 겟 마이 배기쥐

택시를 불러 주세요.
Could you call me a taxi.

쿠 쥬 콜 미 어 택시

활·용·단·어

예약하다 reserve(= make a reservation)
리저브(= 메익 어 레져베이션)

예약확인서 confirmation slip
컨훰메이션 슬립

빈방 vacancy
베이컨시

이용가능한 avaiable
어베이러블

숙박카드 registration card
레지스트레이션 카드

기입하다 fill out
휠 아웃

숙박요금 room charge(= room rate)
룸 차아쥐(= 룸 래이트)

써비스요금 service charge
써비스 차아쥐

1인실 single room
싱글 룸

2인용 침대 하나인 방 double room
더블 룸

침대가 2개인 방 twin room
투윈 룸

스위트룸(침실, 욕실, 거실이 딸린 방) suite
스위트

입구 entrance
엔츄런스

별관 annex
어넥스

층, 마루 floor
홀로어

로비와 방사이 짐을 운반하는 사람 bell boy
벨보이

벨보이 책임자 bell captain
벨 캡턴

방청소하는 사람 room maid
룸 메이드

세탁 laundry
런드리

수도꼭지 faucet(= tap)
훠씻(미)(= 탭(영))

전기 power(= electricity)
파워(= 일렉트리스티)

콘센트 outlet
아울렛

욕조 bathtub
배스텁

실내온도 room temperature
룸 템퍼러처

호텔의 교환전화 house phone
하우스 폰

내선번호 extension number
익스텐션 넘버

숙박

◐ 유스호스텔

외국의 유스호스텔은 세계 각국의 배낭 여행객들이 대부분 이용하지만, 적은 경비로 다양한 사람을 만나고 여행 정보나 경험담을 얻을 수 있어 누구나 이용 할 수 있는 숙박 시설이다. 전 세계 약 만여 개에 달하는 유스호스텔은 규모, 위치, 시설이 다양하다. 유스호스텔은 규모가 큰 것도 있지만, 산장 같은 호스텔 또는 성이나 농가를 개조한 것도 있고, 계절별로 개방하는 유스호스텔도 있다.

◐ 유스호스텔회원증(membership card)

유스호스텔 회원 카드는 연맹에 가입한 유스호스텔이나 가맹점에서 할인을 받을 수 있다. 그러나 미국이나 유럽에는 유스호스텔 연맹에 가입하지 않은 사설 유스호스텔이 많아, 숙박하려는 지역의 유스호스텔의 연맹 가입 여부를 알아보고 구입한다. 회원증이 없거나 25세 이상이면 추가요금을 받는다. 한국 유스호스텔 연맹에서 신청하며 유효기간이 있고 수수료는 1년에 25세 미만은 18,000원, 25세 이상 25,000원, 가족회원 40,000원(부부와 17세 미만 자녀 미만)이다.

◐ 유스호스텔 이용

1. 성수기에는, 여름방학 기간(6월~8월) 축제, 박람회 기간은 예약이 필수이다. 여름에는 청소년들에게 숙박 우선권이 있어

TRAVEL TIP

미리 확인해야 한다.

2. 원칙적으로는 예약이 필요 없고 체크인 시간에 맞춰 직접 가면 된다. 아침에 그 지역에 도착하면 전화로 예약하거나 직접 가서 숙소를 정하고 관광한다.

3. 체크인 한때는 여권을 제시해야 하고 예약했더라도 신분증이 없으면 거절당한다.

4. 유스호스텔은 남녀 구분된 도미토리(dormitory) 객실로 침대가 4~6개지만 규모가 큰 것도 있다.

5. 짐을 보관하는 곳(store)이 있지만 현금 귀중품은 직접 보관해야 한다.

6. 침구세트나 개인 침낭을 허용하지 않는 곳도 있고 시트를 추가로 요금을 받는 곳도 있다.

7. 변두리 유스호스텔은 통행금지(curfew) 시간이 있을 수 있어 규정에 따라야 한다.

8. 시설(화장실, 샤워실)을 여러 사람들과 나누어 쓰는 것도 있고 가족 실이나 1, 2인실도 있다.

   - Ensuite는 불어로 화장실이 방에 있다는 뜻.
   - Private room은 개인적으로 체류할 수 있는 방이나 일행이 2~3명 일 때 사용한다.
   - Lock out은 청소 등을 하기 위해 일정 시간 유스호스텔 시설을 비워 줄 것을 요구하는 것.

유스호스텔 문의

유스호스텔은 호텔보다 저렴하다는 장점이 있지만 보통 6인이 1실을 이용하기 때문에 번잡한 것을 싫어하는 여행객은 사전에 알아보는 것이 좋다. 회원이면 누구나 이용 가능하며 연령제한도 없다. 체크인은 보통 7시~10시와 17~22시로 아침에 체크인해도 낮에는 들어갈 수 없다.

오늘밤에 숙박할 수 있습니까?
Is there a room available tonight?

이즈 데어 어 룸 어베이러블 투나잇

빈방이 있습니까?
Do you have any vacancies?

두 유 해브 애니 베이컨시스

저는 예약을 하지 않았습니다.
I don't have a reservation.

아이 돈 해브 어 레저베이션

몇 시에 체크인 할 수 있습니까?
At what time can I check in?

앳 왓 타임 캔 아이 첵 인

신분증을 가지고 있습니까?
Do you have an identification(ID)?

두 유 해브 언 아이덴티휘케이션

여기 여권이 있습니다.
Here is my passport.

히어 이즈 마이 패스포트

회원증을 보여 주세요.
Please show me your membership card.

플리즈 쇼우 미 유어 멤버쉽 카드

밤에는 언제 문 닫습니까?
When do you lock up at night?

웬 두 유 락 업 앳 나잇

제 물건을 맡아 주시겠습니까?
Can you keep my stuff?

캔 유 킵 마이 스터프

공동 사워실이 있습니까?
Do you have a shared shower?

두 유 해브 어 쉐어드 샤워

유스호스텔 10

요금을 물을 때

요금은 표시에 따라 차이가 있는 데 미국의 경우에는 1인당 1박에 15~20달러 정도이다. 유의할 점은 숙박요금에 세금이 포함되어 있는지 확인해야 한다.

하룻밤 숙박료가 얼마입니까?
What's the rate for one night?

왓츠 더 레잇 훠 원 나잇

숙박료가 하룻밤에 어떻게 하나요?
How much is it per one night?

하우 머치 이즈 잇 퍼 원 나잇

여행자 수표를 받습니까?
Do you take travelers' checks?

두 유 테익 츄래블러스 첵스

현금으로 지불하고 싶습니다.
I'd like to pay in cash.

아이드 라익 투 페이 인 캐쉬

세금이 포함되어 있습니까?
Is the tax included?

이즈 더 택스 인클르디드

이 요금은 무엇입니까?
What's this charge for?

왓츠 디스 차아쥐 휘

숙박료를 미리 선불로 내야 합니까?
Shall I pay the rate in advance?

샬 아이 페이 더 레잇 인 어드밴스

보증금을 내야 합니까?
Should I pay a deposit?

슛 아이 페이 어 디파짓

단체 할인이 있습니까?
Do you have a group discount?

두 유 해브 어 그룹 디스카운트

귀중품 보관함이 있습니까?
Do you have a safety box?

두 유 해브 어 세이프티 박스

유스호스텔

위치를 물을 때

배낭 여행객들은 도심에 위치한 유스호스텔이나 게스트하우스에 숙박하는 것이 좋다. 다운타운에서 멀리 떨어질 수록 교통이 불편해 이동이나 관광하는 데 어려움이 따르기 때문이다.

이곳에 유스호스텔이 있습니까?

Is there a youth hostel here?

이즈 데어 어 유스 호스텔 히어

~ 유스호스텔은 어디에 있습니까?

Where is ~ youth hostel?

웨어 이즈 ~ 유스호스텔

그 유스호스텔은 어디에 위치합니까?

Where is that youth hostel located?

웨어 이즈 댓 유스호스텔 로케이티드

그곳은 여기서 얼마나 멉니까?

How far is it from here?

하우 화 이즈 잇 후럼 히어

그곳에 어떻게 가는지 말해주세요.
Please tell me how to get there.

플리즈 텔 미 하우 투 겟 데어

그 유스호스텔 가는 길을 알려주세요?
Would you show me the way to the youth hostel?

우 쥬 쇼우 미 더 웨이 투 더 유스호스텔

걸어 갈수 있습니까?
Can I walk there?

캔 아이 워크 데어

거기에 가려면 버스 타야 합니까?
Should I take a bus to go there?

슛 아이 테익 어 버스 투 고 데어

시내에서 무료 셔틀 버스가 있습니다.
There is a free shuttle bus in downtown.

데어 이즈 어 후리 셔틀 버스 인 다운타운

역근처 호스텔에 숙박하고 싶습니다.
I'd like to stay at a hostel near the station.

아이드 라익 투 스테이 앳 어 호스텔 니어 더 스테이션

활·용·단·어

신분증 identification
아이덴티휘케이션

회원증 membership card
멤버쉽 카드

만기일 expiration date
엑스퍼레이션 데이트

기숙사, 공동침실 dormitory
도미토리

보증금(명사), 맡기다(동사) deposit
디파짓

추가요금 additional charge
어디셔널 차아쥐

비용 cost
코스트

포함된 included
인클루디드

전망 view
뷰

도착하다 arrive
어라이브

떠나다 leave
리브

제안하다 suggest
써제스트

귀중품 valuables
벨류어블즈

식당	dining room	다이닝 룸
욕실	bathroom	배스룸
욕실 있는 방	room with a bath	룸 위드 어 배스
화장실	restroom(= toilet)	레스트룸(미)(= 토일럿(영))
상단 침대	upper berth	어퍼 버스
침대시트	sheet	쉬이트
두꺼운 이불	comforter	컴포터
복도	corridor	코리도
짐보관 하는곳	storage	스토리지
짐, 물건	stuff(= things)	스터프(= 씽즈)
받다	accept(= take)	액셉트(=테이크)
잠그다	lock up(= close)	락 업(= 클로즈)
세탁기	washing machine	워싱 머신
청소	cleaning	클리닝

숙박

Chapter 4
교통

길 묻기
01. 길 묻기
02. 길을 잃었을 때

버스에서
03. 시내버스
04. 관광버스
05. 시외버스

택시에서
06. 택시잡기
07. 택시 안에서

기차에서
08. 기차표 구입 및 기차타기
09. 기차 안에서 목적지 역 묻기

지하철에서
10. 지하철을 탈 때
11. 지하철 및 역찾기

렌터카 이용
12. 렌터카를 빌릴 때
13. 렌터카 이용시 요금 및 보험
14. 렌터카 이용시 주유소에서

- 여행하려는 나라의 교통 정보를 미리 알아보고 어떻게 이동할 것인지 계획한다. 그러나 현지 상황이나 물가, 요금 등 변경될 수 있으므로 도착한 후에 재확인한다.

- 버스나 전철을 탈때마다 일회권을 구입하기보다 유럽에서는 travel card를 이용하면 편리하다.
  런던에서 1 day travel로 버스나 전철을 9:30~24시까지 무제한 탈 수 있다.
  기간이나 구역에 따라 요금이 다르고, 이동을 많이 하면 travel card를 구입한다.

- 유레일 패스는 유럽 17개국의 국영 철도와 일부 사철, 선박을 유효 기간내에 거리나 횟수에 상관없이 무제한 탈 수 있다.
  여행전에 한국에서 구매해야 한다.
  영국에서는 유레일 패스를 사용할 수 없고 영국에서만 사용하는 기차 패스를 구입해야 한다.

- 유럽의 기차는 대도시의 경우 출발과 도착하는 역이 다를 수 있어 출발하는 기차역에서 출발시간과 목적지, 도착역을 재확인해야 한다.

TRAVEL TIP

많은 도시를 여행하려면 유레일패스로 쿠셋(간이침대)을 예약비를 내고 야간열차를 이용할 수 있다.

- 유로스타 – 영국과 대륙을 연결하는 초고속 열차로 런던~파리, 런던~브뤼셀을 도버해협 터널로 3시간 걸린다.

- 유로라인 – 영국과 대륙을 연결하는 버스로 14시간 이상 소요되어 하룻밤은 버스에서 보내야 한다.

미국 주요 도시들을 장거리 열차로 여행하려는 외국 여행자들은 암트랙 패스를 구입한다.

● 암트랙 패스

미국전역에서 이용할 수 있는 패스(내셔널레일)와 동부, 서부, 남부 등 구간별로 이용할 수 있는 패스가 있다.

또한 해당구간 열차를 탑승 횟수 및 정차역의 제한 없이 반복적으로 이용 가능하다.

우리나라에서도 구입 및 스케쥴조회(암트랙 한국지사 http://www.amtrak.co.kr)가 가능하고 미국내 암트랙 역에서도 사진이 있는 신분증(여권 또는 국제 운전 면허증 등)을 제시하고 구입할 수 있다.

● 그레이하운드 버스 이용법

디스커버리패스는 미국과 캐나다(하와이와, 알래스카 지역 제외) 전지역을 이용할 수 있는 패스, 북미 대륙의 3,000여 개가 넘는 지역을 운행하는 장거리 버스노선으로 그레이하운드와 제휴한 회사들의 버스를 유효기간 내에 무제한 탑승, 거의 모든 곳을 갈 수 있어 경제적이고 편리하다.

TRAVEL TIP

● 국제운전면허증

미국, 캐나다, 유럽, 호주 등을 일행이 많이 여행할 때는 차를 대여하는 게 저렴하고 이동하기 편하다.

사이판,괌에서는 국내면허증으로 차를 빌릴 수 있다. 국제면허증 소지자들은 국제면허를 신청할 수 있다.

여권대신 국제면허증을 신분증으로 대신할 수 있다.

한국에서 신청하려면 관할 운전면허 시험장에서 발급한다.

교통

길 묻기

미국이나 유럽은 도로의 정비 및 명칭이 편하게 되어 있어 안내지도만 있어도 어렵지 않게 찾을 수 있다. 그래도 지리에 어두운 여행객은 현지인들에게 도움을 요청하는 것이 좋다. 길을 물을 때는 먼저 'Excuse me'로 시작하고 도움을 받았을 경우에 'Thank you'라고 감사표현 하는 것도 잊지말자.

이 주소로 가고 싶습니다.
I'd like to go to this address.

아이드 라익 투 고우 투 디스 어드래스

걸어서 갈 수 있나요?
Can I walk down there?

캔 아이 워크 다운 데어

어떻게 가면 되죠?
How can I get there?

하우 캔 아이 겟 데어

이 거리 이름이 무엇인가요?
What street is this?

왓 스트릿 이즈 디스

걸어서 거기까지 얼마나 걸리나요?
How long will it take if I walk there?

하우 롱 윌 잇 테익 이프 아이 워크 데어

이 지도에서 제가 어디 있나요?
Where am I on this map?

웨어 엠 아이 언 디스 맵

가장 가까운 화장실은 어디 있나요?
Where is the nearest restroom?

웨어 이즈 더 니어리스트 레스트룸

길을 건너야 합니까?
Do I have to cross the street?

두 아이 해브 투 크로스 더 스트릿

버스와 지하철 어느 것이 좋습니까?
Which is better to use by bus or by subway?

휘치 이즈 베터 투 유즈 바이 버스 오어 바이 서브웨이

길 묻기 01

길을 잃었을 때

길을 잃었을 때는 주변 관광 안내소에 가서 도움을 요청한다. 또 만일에 대비에 호텔 팜플렛이나 전화번호가 있는 명함, 그 지역의 안내 지도를 항상 소지하고 다니는 것도 좋다.

실례합니다, 나는 길을 잃었습니다.
Excuse me, I'm afraid I get lost.

익스큐즈 미 아임 어후레이드 아이 겟 로스트

길을 잃었어요.
I'm lost.

아임 로스트

그곳에 가는 법을 가르쳐 주세요
How do I get there?

하우 두 아이 겟 데어

약도를 그려주시겠습니까?
Could you draw a rough map for me?

쿠 쥬 드로 어 러프 맵 훠 미

지금 이 지도에서 어디에 있습니까?
Where am I on this map now?

웨어 엠 아이 언 디스 맵 나우

이 도로 아래로 가면 되나요?
Is it down this road?

이짓 다운 디스 로드

이 거리의 이름을 말해주세요?
Could you tell me the name of this street?

쿠 쥬 텔 미 더 네임 어브 디스 스트릿

미안합니다. 저는 여기가 처음입니다.
I'm sorry, I'm a stranger here.

아임 쏘리 아임 어 스트레인져 히어

공중전화는 어디 있습니까?
Where can I find a public telephone?

웨어 캔 아이 화인드 어 퍼블릭 텔레폰

친절하시군요, 고맙습니다.
It's very kind of you, thank you.

잇츠 베리 카인드 어브 유 쌩 큐

활·용·단·어

이곳에	this place(= here)	디스 플레이스(= 히어)
저쪽에	over there	오버 데어
거리	street	스트릿
도로	road	로드
인도	sidewalk	싸이드웍
횡단보도	crosswalk(= zebra crossing)	크로스웍(미)(= 지브라 크로싱(영))
지름길	short-cut	숏-캇
똑바로	straight	스트레이트
곧장 가다	go straight	고 스트레이트
돌다	turn	턴
오른쪽/왼쪽으로 돌다	turn right/left	턴 라이트/레프트
되돌아가다	go back	고우 백
주위에	around	어라운드
먼	far	화
가까운	close(= near)	클로스(= 니어)

사거리	intersection(= crossroad)
	인터섹션(= 크로스로드)

삼거리	three-way junction
	쓰리-웨이 정션

앞에	in front of
	인 후론트 어브

옆에	next to
	넥스트 투

반대편	opposite side
	어퍼짓 싸이드

어느쪽	which side
	위치 싸이드

모퉁이	corner
	코너

방향	direction
	디렉션

지역	district
	디스트릭

신호등	traffic lights(= traffic signal)
	츄래픽 라일츠(= 츄래픽 시그널)

경찰관	policeman
	폴리스먼

경찰서	police station
	폴리스 스테이션

걸어서	on foot
	언 훗

버스에서 03

시내버스

시내 이동 시에는 버스를 이용하는 것이 싸고 편하다. 사전에 관광 안내소에서 노선도를 얻어 스케쥴을 확인하는 것도 요령. 요금은 잔돈으로 준비하고 여행하는 나라에 따라서 버스가 정차한 후에 자리에서 일어나 내려야 한다는 것도 알아두자.

버스 노선도를 어디서 얻을 수 있습니까?
Where can I get a bus route map?

웨어 캔 아이 게러 버스 루트 맵

버스로 얼마나 걸리나요?
How long will it take by bus?

하우 롱 윌 잇 테익 바이 버스

표는 어디서 삽니까?
Where can I get a ticket?

웨어 캔 아이 겟 어 티킷

센트럴 파크까지 얼마입니까?
How much is it to central park?

하우 머치 이즈 잇 투 센트럴 팍

가까운 버스 정류장은 어디입니까?
Where's the closest bus stop?

웨얼즈 더 클로우스트 버스 스탑

이 버스 센트럴 파크 가나요?
Does this bus go to Central Park?

더즈 디스 버스 고우 투 센트럴 팍

그 곳 까지는 몇 번째 정거장 인가요?
How many stops are there?

하우 메니 스탑스 아 데어

거기에 도착하면 가르쳐주세요.
Tell me when we get there, please.

텔 미 웬 위 겟 데어 플리즈

버스를 갈아타야 하나요?
Do I have to transfer?

두 아이 해브 투 츄랜스훠

이 자리 비어 있습니까?
Is this seat taken?

이즈 디스 씨이트 테이큰

관광버스

도심 관광에는 시티투어 버스를 이용하는 것이 가장 좋다. 도심의 관광 코스를 빠짐없이 구경할 수 있고 안전하다는 점도 큰 장점. 미국이나 유럽의 어느 도시나 시티투어 버스를 이용할 수 있으므로 사전에 정보를 확인해 두는 것이 편리하게 이용할 수 있는 방법이다.

어떤 관광이 있습니까?

What kinds of tours do you have?

왓 카인드 오브 투어즈 두 유 해브

이 관광에서 무엇을 봅니까?

What do I see on this tour?

왓 두 아이 씨 언 디스 투어

관광버스에 대해 알고 싶습니다.

I'd like to ask about the tour buses.

아이드 라익 투 애스크 어바웃 투어 버시즈

어떤 버스가 ~ 로 갑니까?

Which bus goes to ~ ?

휘치 버스 고우즈 투 ~

~ 로 가는 요금은 얼마입니까?
What's the fare to ~ ?

왓츠 더 훼어 투 ~

그것은 당일 여행입니까?
Is that one day trip?

이즈 댓 원 데이 츄립

어디서 관광버스를 탑니까?
Where can I catch the tour bus?

웨어 캔 아이 캣취 더 투어 버스

그 버스는 매시간 운행합니까?
Is the bus running every hour?

이즈 더 버스 러닝 에브리 아우어

그 버스는 언제 돌아옵니까?
At what time does the bus return?

앳 왓 타임 더즈 더 버스 리턴

6시에 여기로 돌아옵니다.
The bus will be back here at 6.

더 버스 윌 비 백 히어 앳 씩스

시외버스

도시를 벗어나 다른 지방으로 관광을 가고자 하는 여행객은 시외버스를 이용하면 된다. 미국의 경우에는 장거리 교통수단으로 그레이하운드를 가장 많이 이용한다. 그레이하운드 버스의 경우 승차권 외에 아메리패스(Ameripass)라는 자유 이용권를 사용하면 할인 혜택을 받을 수 있다는 점도 알아두자.

버스 시각표는 있습니까?

Do you have a timetable for the bus?

두 유 해브 어 타임테이블 훠 더 버스

표 구입 방법을 가르쳐 주세요.

Could you tell me how to buy a ticket.

쿠 쥬 텔 미 하우 투 바이 어 티킷

~ 로 가는 시외버스는 어디서 탑니까?

Where do I take the inter-city bus to ~ ?

웨어 두 아이 테익 디 인터-씨티 버스 투 ~

첫 버스는 언제입니까?
When is the first bus?
웬 이즈 더 훠스트 버스

여기는 어느 정류장입니까?
What stop am I at now?
왓 스탑 엠 아이 앳 나우

다음은 어디에 섭니까?
Where do we stop next?
웨어 두 위 스탑 넥스트

버스에서 내릴 때는 어떻게 해야 합니까?
How do I tell the driver to stop?
(옆에 사람에게 물을때) 하우 두 아이 텔 더 드라이브 투 스탑

~ 는 이미 지났습니까?
# Have we passed ~ yet?
해브 위 패스트 ~ 옛

다음 버스는 언제 옵니까?
When is the next bus coming?
웬 이즈 더 넥스트 버스 커밍

활·용·단·어

타다	get on	내리다	get off
	겟 언		겟 오프

갈아타다 transfer(= change buses)
츄랜스퍼(= 체인쥐 버시즈)

첫/마지막 버스 first/last bus
훠스트/라스트 버스

~ 정차하다 stop at
스탑 앳

운행하다 run
런

자주 often
어픈

시내버스 city bus
씨티버스

시외버스 inter-city bus
인터-씨티 버스

장거리 버스 coach
코우치(영)

고속버스 express bus
익스프레스 버스

직행버스 non-stop bus
난 스탑 버스

관광버스 sightseeing/tour bus
싸잇씨잉/투어 버스

2층버스 double decker
더블 데커(영)

버스 종점	terminal(= the last stop)	터미널(= 더 라스트 스탑)
승객	passenger	패신져
버스 노선도	bus route map	버스 루트 맵
시간표	timetable	타임테이블
차선	lane	레인
성인	adult	어덜트
어린이	child	차일드
어린이들	children	칠드런
정확한 요금	exact fare	익젯트 훼어
추가요금	extra fare	엑스트라 훼어
입석	standing room	스탠딩 룸
고속도로	expressway(= motorway)	익스프레스웨이(미)(= 모터웨이(영))
간선도로	highway	하이웨이
대중 교통	public transportation	퍼블릭 츄랜스퍼테이션

택시에서 06

택시잡기

택시는 대중교통 수단 중 가장 편리하지만 요금이 비싼 것이 문제. 부득이 택시를 이용하게 될 경우 호텔에서는 전화로 부르면 된다. 만일 택시기사와 말이 통하지 않을 경우에는 종이에 목적지를 적어 보여주면 된다.

어디에서 택시를 잡을 수 있습니까?
Where can I catch a taxi?

웨어 캔 아이 캣취 어 택시

택시 승차장은 어디입니까?
Where's the taxi stand?

웨얼즈 더 택시 스탠드

택시 좀 불러주세요.
Please call me a taxi.

플리즈 콜 미 어 택시

어디서 택시를 기다려야 합니까?
Where can I wait for a taxi?

웨어 캔 아이 웨잇 훠 어 택시

얼마나 기다려야 합니까?
How long should I wait?

하우 롱 슛 아이 웨잇

택시가 오지 않습니다.
The taxi won't come.

더 택시 워운트 컴

다른 택시를 불러주세요.
I want to get another taxi.

아이 원트 투 겟 어너더 택시

이 시간에는 택시가 많지 않아요.
There are not many taxies at this time.

데어 아 낫 메니 택시즈 앳 디스 타임

여기서 내려주세요.
Could you let me off here?

쿠 쥬 렛 미 오프 히어

요금이 얼마입니까?
How much do I owe you?

하우 머치 두 아이 오우 유

택시 안에서

택시를 이용할 때는 요금의 10~15%를 팁으로 주는 것이 예의이다. 또한 운전기사 옆 좌석에는 타지 않는 것도 우리의 택시문화와 다르다.

여기로 가주세요.(주소나 지도 등을 보여주면서)
I want to go here.

아이 원트 투 고 히어

거기까지 얼마나 걸리나요?
How long will it take to get there?

하우 롱 월 잇 테익 투 겟 데어

창문을 열어도 될까요?
Do you mind if I open a window?

두 유 마인드 이프 아이 오픈 어 윈도우

빨리 가 주세요.
Hurry up, please.

허리 업 플리즈

여기서 내려 주세요.
Here will be okay.
> 히어 윌 비 오케이

여기서 기다려 주세요.
Please wait for me here.
> 플리즈 웨잇 훠 미 히어

얼마입니까?
How much is it?
> 하우 머치 이즈 잇

잔돈은 가지세요.
Keep the change.
> 킵 더 체인쥐

트렁크 좀 열어주시겠어요?
Can you open the trunk?
> 캔 유 오픈 더 츄렁크

다음에서 왼쪽으로 돌아 주세요.
Next, turn to the left, please.
> 넥스트 턴 투 더 레프트 플리즈

활·용·단·어

택시 taxi/cab
택시/캡

택시 정류장 taxi stand/zone
택시 스탠드/존

택시를 타다 take/get a taxi
테익/겟 어 택시

택시 안으로 들어가다 get in taxi
겟 인 택시

기본요금 basic fare
베이식 훼어

할증요금 extra charge(= surcharge)
엑스트라 차아쥐(= 써차아쥐)

요금을 과다 청구하다 overcharge
오버차아쥐

영수증 receipt
리씨트

서두르다 hurry   급히 in a hurry
허리   인 어 허리

빨리 quickly   빠른 fast
퀵클리   훼스트

감속하다 slow down
슬로우 다운

내려주대(내리다) drop off
드랍 오프

출퇴근 시간 rush hour
러쉬 아우어

교통정체	traffic jam/congestion	츄래픽 잼/컨제스쳔
차를 한쪽에 대다	pull over car	풀 오버 카
주소	address	애드레스
트렁크	trunk(= boot)	츄렁크(미)(= 부트(영))
조수석	passenger seat	패신져 씨이트
뒷좌석	back seat	백 씨이트
차를 빼다	draw out car	드로 아웃 카
벌금	fine/penality	화인/페널티
도로표지	signpost(= road sign)	싸이포스트(= 로드 싸인)
제한속도	speed limit	스피드 리밋
일방통행	one way	원 웨이
추월금지	no overtaking	노 오버테이킹
우측통행	keep right	킵 롸잇

기차에서 08

표 구입 및 기차타기

열차는 미국이나 유럽에서 여러 관광지를 둘러볼 수 있는 유익한 교통수단. 유럽열차여행에는 유레일 패스를 이용하는 것이 좋다. 유레일 패스를 처음 이용할 경우에는 역 창구에서 여권과 함께 제시하여 사용일자(시작과 종료)와 승차 확인 도장을 받아야 사용할 수 있다. 또 여행 중에 짐을 기차역이나 코인락커(사물함), 유인 수화물 보관소에 맡길 수 있다.

시카고행 한 장 주세요?
A ticket to Chicago, please.
어 티켓 투 시카고 플리즈

왕복(편도)으로 주세요.
Round trip(One way), please.
라운드 츄립 (원웨이) 플리즈

어떤 열차를 타야하나요?
Which train should I take?
위치 츄레인 슛 아이 테익

이 기차가 시카고 행인가요?
Is this the train to Chicago?
이즈 디스 더 츄레인 투 시카고

시카고행 기차는 어느 플랫폼에서 출발합니까?
Which platform does the train for Chicago leave from?
위치 플랫폼 더즈 더 츄레인 휘 시카고 리브 후럼

급행있나요?
Is there an express?
이즈 데언 언 익스프레스

기차를 갈아타야 하나요?
Do I have to change trains?
두 아이 해브 투 체인쥐 츄레인스

이 기차는 여기서 얼마동안 정차하나요?
How long does this train stop here?
하우 롱 더즈 디스 츄레인 스탑 히어

언제 내릴지 알려 주시겠습니까?
Would you please tell me when to get off?
우 쥬 플리즈 텔 미 웬 투 겟 오프

택시에서 **09**

기차 안에서 목적지 역 묻기

이 기차 ~ 에 가는 것 맞습니까?
Is this right train to ~ ?

> 이즈 디스 롸잇 츄레인 투 ~

이 기차는 ~ 직행입니까?
Does this train go directly to ~ ?

> 더즈 디스 츄레인 고우 디렉틀리 투 ~

~ 행 기차는 어느 트랙에서 떠납니까?
What track does the train leave for ~?

> 왓 츄랙 더스 더 츄레인 리이브 훠 ~

~ 에 정차합니까?
Does this train stop at ~ ?

> 더즈 디스 츄레인 스탑 앳 ~

~ 에서 연결기차를 탈 수 있습니까?
Can I make connections at ~ ?

캔 아이 메익 커넥션스 앳 ~

지금 어디를 지나고 있습니까?
Where are we passing now?

웨어 아 위 패씽 나우

도중에 내릴 수 있습니까?
Can I have a stop-over?

캔 아이 해브 어 스탑-오버

~ 에 도착하면 알려주세요.
Please let me know when we arrive at ~ .

플리즈 렛 미 노우 웬 위 어라이브 앳 ~

기차를 잘못 탔어요.
I took the wrong train.

아이 툭 더 롱 츄레인

다음역은 어디입니까?
What's the next station?

왓츠 더 넥스트 스테이션

지하철에서 10

지하철을 탈 때

지하철을 이용하는 여행객은 지하철 명이 다르다는 점을 사전에 알아두어야 한다. 미국은 도시마다 명칭을 달리하고 있다. 뉴욕에서는 'Subway', 워싱턴과 LA에서는 'Metro'라 부르고 보스턴에서는 'T'라고 한다. 한편 영국에서는 지하철을 'Underground' 또는 'Tube'라고 부르며 프랑스에서는 'Metro'라고 칭한다는 점을 알아두자. 여행객들은 지하철 환승역이나 노선 등을 미리 파악해 두는 것이 좋다.

지하철역이 어디 있나요?
Where is the subway station?

웨어 이즈 더 서브웨이 스테이션

지하철 노선도를 주세요.
Subway route map, please.

서브웨이 루트 맵 플리즈

전철은 몇 분 간격으로 있나요?
How often does it run?

하우 오픈 더즈 잇 런

어디서 갈아타나요?
Where shall I transfer?
웨어 샬 아이 츄랜스훠

입구가 어디인가요?
Where is the entrance?
웨어 이즈 디 엔츄런스

죄송하지만 도착하면 가르쳐주시겠어요?
Would you tell me when we get there?
우 쥬 텔 미 웬 위 겟 데어

센트럴 파크 행인가요?
Is this for Central Park?
이즈 디스 훠 센트럴 팍

잘못 타셨어요.
You're on the wrong train.
유어 언 더 롱 츄레인

자동발매기는 어떻게 사용합니까?
How can I use the ticket machine?
하우 캔 아이 유즈 더 티켓 머신

지하철 안에서

~ 역에 가려면 몇 호선을 타야 합니까?
Which line do I have to take for ~ station?

위치 라인 두 아이 해브 투 테익 훠 ~ 스테이션

어느 역에서 갈아타야 합니까?
Which station should I change trains?

위치 스테이션 숫 아이 체인쥐 츄레인스

~ 까지는 몇 정거장입니까?
How many stops to ~ ?

하우 메니 스탑스 투 ~

~ 에 가려면 어디서 내려야 합니까?
Where should I get off to ~ ?

웨어 숫 아이 겟 오프 투 ~

~ 로 가려면 몇 번 출구입니까?
What is the exit number for ~ ?
왓 이즈 디 엑짓 넘버 훠 ~

내릴 역을 지나쳤습니다.
I missed my station.
아이 미스트 마이 스테이션

제 소지품을 두고 내렸습니다.
I've left my belongings on the subway.
아이브 레프트 마이 빌롱잉스 언 더 서브웨이

안내 방송에서 뭐라고 했습니까?
What was the announcement?
왓 워즈 디 어나운스먼트

~ 행 열차가 곧 도착할 것이라고 합니다.
It said that the train bound for ~ will arrive soon.
잇 세드 댓 더 츄레인 바운드 훠 ~ 윌 어라이브 순

기차는 얼마나 자주 옵니까?
How often does the train come?
하우 오픈 더즈 더 츄레인 컴

활·용·단·어

급행표 express ticket
익스프레스 티킷

완행 열차 local train
로컬 츄레인

기차시간표 railway schedule
레일웨이 스케줄(미)

승강장 platform
플랫홈

개찰역무원 gateman
게이트맨

차장 conductor
컨덕터

대합실 waiting room
웨이팅 룸

매표소 ticket office(= booking office)
티킷 어피스(미) (= 부킹 오피스(영))

자동매표기 automatic ticketing machine
어러매틱 티킷팅 머신

자동개표기 ticket punching machine
티킷 펀칭 머신

일등기차표 first class ticket
훠스트 클래스 티킷

매진 sold out
솔드 아웃

유효한 valid
밸리드

접속열차 connection
커넥션

철도의 환승역 interchange
인터체인쥐

식당차 dining car
다이닝 카

유럽의 침대차의 칸막이방 couchette
쿠셋(불어)

지하철 metro
메트로(불어)

기본요금 minimum fare
미니멈 훼어

노선번호 route number
루트 넘버

선로 track
츄랙

출구 exit
엑짓

개찰구 ticket gate(= ticket barrier)
티킷 게이트(= 티킷 배리어(영))

회전식 개찰구 turnstile(= wicket)
턴스타일(= 위킷)

계단 stairs
스테어스

~행 bound for
바운드 훠

렌터카 이용 12

렌터카 빌릴 때

렌터카 회사 예약 창구에서 이용 신청서(이용자의 주소, 성명, 전화번호, 사용일정, 이용도시)를 작성해 제출하면 된다. 공항에 도착해서 바로 이용하고자 한다면 비행기 편명과 도착시간을 사전에 렌터카 회사에 연락해 두면 된다.

차를 빌리고 싶어요.
I'd like to rent a car, please.
아이드 라익 투 렌트 어 카 플리즈

자동차를 보여주세요?
Can I look at the car?
캔 아이 룩 앳 더 카

어떤 종류의 차를 원하시나요?
What kind of car do you want?
왓 카인드 어브 카 두 유 원트

소형차로 주세요.
A compact car, please.

어 컴팩트 카 플리즈

오토매틱 차를 원합니다.
I'd like an automatic car.

아이드 라익 언 어러매릭 카

운전면허증을 보여주세요.
Your driver's license, please.

유어 드라이버즈 라이센스 플리즈

며칠동안 쓰실 건가요?
How many days?

하우 메니 데이즈

3일간 쓸 겁니다.
I'd like to rent a car for 3 days.

아이드 라익 투 렌트 어 카 훠 쓰리 데이즈

어느 장소에서 돌려주나요?
Where shall I return it?

웨어 샬 아이 리턴 잇

렌터카 이용 13

보험 및 요금

렌터카 이용시 보험 가입도 필요하다. 책임면제보험인 자차보험(CDW), 도난보험(TP), 제3자보험(TPI), 대인대물보험(EP), 자손보험(PERSPRO) 등 어떤 보험이 포함되는지 나라마다 달라 미리 알아보고 가입해야 한다. 한편 렌터카 이용 요금을 할인받고자 한다면 한국에서 예약하는 것도 한 방법.

요금표를 보여주세요.
The list of rates, please.
더 리스트 어브 레잇츠 플리즈

하루에 얼마인가요?
What's the charge per day?
왓츠 더 차아쥐 퍼 데이

보험료가 포함된 가격인가요?
Is the cost of insurance included?
이즈 더 코스트 어브 인슈런스 인클루디드

종합 보험을 넣어주세요.
Full insurance, please.

홀 인슈런스 플리즈

보증금이 필요한가요?
Do I need a deposit?

두 아이 니드 어 디파짓

개인 보험을 들고 싶어요.
I'd like to take out personal accident insurance.

아이드 라익 투 테익 아웃 퍼스널 액시던트 인슈런스

전부 얼마인가요?
How much altogether?

하우 머치 얼투게더

여기 차 키와 영수증을 받으세요.
Here's your key and receipt.

히얼즈 유어 키 앤 리씨트

차를 반납하고 싶어요.
I'd like to return a car.

아이드 라익 투 리턴 어 카

렌터카 이용 14

주유소에서

주유소는 대부분 셀프 서비스로 운영된다. 셀프 서비스와 반대되는 것이 풀 서비스인데 이 서비스를 받는 경우에는 가스를 넣어준 사람에게 팁을 줘야 한다.

제일 가까운 주유소는 어디 있나요?
Where is the nearest gas station?

웨어 이즈 더 니어리스트 개스 스테이션

어떻게 주유하는지 알려주세요.
Please tell me how to fill her up.

플리즈 텔 미 하우 투 휠 허 업

가득 채워 주세요.
Fill it up, please.

휠 잇 업 플리즈

제 차 좀 점검해 주시겠어요?
Would you check out my car?

우 쥬 첵 아웃 마이 카

오일 좀 체크해 주세요.
Check the oil, please.
체크 디 오일 플리즈

타이어 좀 봐주시겠어요?
Will you check the tires?
윌 유 체크 더 타이어즈

자동차 와이퍼가 잘 움직이지 않아요.
The windshield wipers aren't working well.
더 윈드쉴드 와이퍼즈 안트 월킹 웰

모두 얼마입니까?
How much is it altogether?
하우 머치 이즈 잇 얼투게더

카드도 되나요?
Do you accept credit cards?
두 유 액셉트 크레딧 카즈

쓰레기 좀 버려주세요.
Please dispose of the trash.
플리즈 디스포즈 어브 더 츄래쉬

활·용·단·어

대형차 full sized car(= luxury car)
홀 싸이즈드 카(= 럭셔리 카)

중형차 medium sized car(= mid-size car)
미디음 싸이즈드 카(= 미드-사이즈 카)

소형차 compact car(= small car)
컴팩트 카(= 스몰 카)

레저용차 recreational vehicle
레크리에이셔널 비이클 = RV

오토매틱 차 automatic car
어러매틱 차

자동변속기 automatic transmission
어러매틱 츄랜스미션

4륜 구동 four-wheel drive
훠 윌 드라이브

후륜 구동 rear-wheel drive
리어-윌 드라이브

전륜 구동 front-wheel drive
후론트-윌 드라이브

전체 가입 full coverage
훌 커버리쥐

종합보험 comprehensive/umbrella insurance
컴프리헨시브/엄브렐라 인슈어런스

대인보험 insurance for personal injury
인슈어런스 훠 퍼스널 인져리

충돌보험 insurance for collision
인슈어런스 훠 컬리전

고장 break-down
브렉-다운

수리하다 fix
휙스

시운전 trial run/trip
츄라이얼 런/츄립

주유소 gas station(= petrol station)
개스 스테이션(미)(= 페추롤 스테이션(영))

휘발유 gasoline(= gas)
개설린(= 개스 → 구어)

일반 무연 regular unleaded
레귤러 언레디드

경유 diesel oil
디즐 오일

마일당 by mileage
바이 마일리쥐

국제운전면허증 International Driving Permit
인터내셔널 드라이빙 퍼밋

~ 긴급 할 경우 in case of an emergency
인 케이스 어브 언 이머전시

안내서, 취급설명서 manual
매뉴얼

대여 기간 rental period
렌틀 피리어드

차를 이용후 인계하다 drop off(= return)
드랍 어프(= 리턴)

Chapter 5
관광

01. 관광안내소
02. 관광투어를 이용할 때
03. 사진 찍기
04. 박물관에서
05. 미술 전시관
06. 골프, 테니스
07. 스포츠 관전
08. 극장, 공연장에서

- 여행일정을 정하면 가야할 관광지를 선택하여 정보를 수집하고 일정은 여유있게 계획한다.
- 단기간에 많은 나리를 여행하거나 야간열차로 이동하면 시차로 피곤해 많은 관광을 할 수 없다.
- 방문하려는 국가나 도시의 날씨를 확인하고 관광하기 적합한 때를 선택한다.
  캄보디아 앙코르와트 유적지는 건기인 1월에 가는 게 좋고, 4월이 제일 덥고 5월말부터 우기이다.
- 중남미 지역은 겨울에 해당하는 7월이 적기이고 인도는 12월이 좋다. 노약자는 장거리비행시 건강에 유의하고 고산지대를 여행할 때는 저산소층의 호흡장애를 주의해야 한다.
- 쿠바비자는 멕시코를 통해 여행증명서를 받게 된다.
- 성수기보다 비수기에 여행하는 게 비행기 티켓이나 숙박료 등 경비를 절약할 수 있다.
- 관광을 하려면 많이 걸어 다닐 준비를 해야 한다, 유럽의 도시들은 걸어서 시내관광 하기 좋다. 미국, 유럽, 호주의 지방들은 차를 빌려 여행하면 구석구석까지 볼 수 있다.
- 만 26세 미만이면 국제학생증이나 국제청소년증, 국제유스증(학생이 아니라도)을 발급 받아 숙박, 교통, 입장료 등 할인받을 수 있다. 국제학생증은 만 12세 이상 학생이면 신청할 수 있

고 대학교나 여행사에서 발급한다.
- 국제교사증(ITIC)은 교육부가 지정한 정규교육 기관에 재직 중인 교사들에게 발급하는 증명서로 해외에서 할인 받을 수 있다.
- 유레일 패스에서 청소년 유스패스는 여행 첫날 만 26세를 넘지 않아야 한다.

○ 미국

- 미국에는 300개 이상의 국립공원이 있으며, 달 풍경에서부터 협곡, 장엄한 산, 야생 동물로 가득한 울창한 숲 등 다양한 모습의 국립공원이 있다.
  - 그랜드 캐년 : 세계에서 가장 아름답기로 유명하며 피닉스와 아리조나에서 약 400km 떨어진 곳에 위치한 거대한 돌로 이루어진 협곡으로 장엄하고 환상적인 자연을 느낄 수 있는 곳이다.
  - 요세미티 : 자연이 특별히 만들어낸 성전과 같은 곳으로 가장 크고 웅장하고 장엄하다.
  - 옐로스톤 국립공원 : 록키 마운트의 정상들이 화려한 색상과 자태를 뽐내며 한데 모인 광활한 황야이고 간헐천과 폭포, 다채로운 온천들이 있으며, 버팔로와 흰머리독수리, 무스, 늑대, 곰과 같은 야생 동물의 서식지이다.

관광 01

관광안내소

낯선 여행지에서 그 나라의 여행정보를 얻으려면 공항 또는 시내에 있는 관광 안내소를 이용하자. 관광 안내소에는 각종 관광 여행지 소개 및 교통편, 편의시설, 공연, 스포츠 관람 예약 등 관광객을 위한 다양한 정보를 제공해 주고 있다.

관광안내소는 어디있나요?
Where is the tourist information office?

웨어 이즈 더 투어리스트 인퍼메이션 어피스

시내지도 있습니까?
Do you have a city map?

두 유 해브 어 시티 맵

여행 관광안내서를 얻을 수 있나요?
Could I get a tour guidebook?

쿳 아이 겟 어 투어 가이드북

투어 팸플릿이 있나요?

Do you have any tour brochures?

두 유 해브 애니 투어 브로슈어

관광할 만한 곳을 가르쳐주세요.

Please suggest something interesting.

플리즈 써제스트 썸씽 인터레스팅

추천할 만한 투어를 가르쳐주세요.

Is there a tour you can recommend?

이즈 데어러 투어 유 캔 레커멘드

이 투어는 어디를 둘러봅니까?

Where does this tour go?

웨어 더즈 디스 투어 고

자유시간은 있나요?

Can we have any free time during the tour?

캔 위 해브 애니 후리 타임 듀링 더 투어

표는 어디에서 구입합니까?

Where can I buy a ticket?

웨어 캔 아이 바이 어 티킷

관광투어를 이용할 때

관광투어는 짧은 시간 동안에 대도시의 관광지를 둘러볼 수 있는 가장 빠르고 실속있는 여행투어다. 다만 야간관광의 경우 안전에 특별히 신경을 써야 한다.

어떤 관광투어가 있나요?
What kind of tours do you have?

왓 카인더 오브 투어스 두 유 해브

예정된 투어는 무슨 투어입니까?
What tours are available?

왓 투어즈 아 어베이러블

시내 관광투어가 있나요?
Are there any city tours?

아 데어 애니 시티 투어스

야간관광은 있나요?
Do you have a night tour?

두 유 해브 어 나잇 투어

오페라 관람투어는 있습니까?
Do you have any opera tours?

두 유 해브 애니 오프라 투어즈

요금은 얼마인가요?
How much is the cost?

하우 머치 이즈 더 코스트

한 사람당 얼마인가요?
How much is it per person?

하우 머치 이즈 잇 퍼 퍼슨

언제 출발하나요?
What time does it start?

왓 타임 더즈 잇 스타트

몇 시에 어디서 출발하나요?
Where & What time does it leave?

웨어 앤 왓 타임 더즈 잇 리브

한국인 가이드가 있나요?
Do you have a Korean-speaking guide?

두 유 해브 어 코리언-스피킹 가이드

관광 03

사진 찍기

관광지라고 해서 아무 곳에서나 사진을 찍다가는 낭패를 볼 수 있다. 사진촬영 전에 허가된 곳인지 확인해야 한다. 박물관이나 미술관에서는 우리나라와 마찬가지로 촬영은 절대 금물. 또 사진촬영 여부를 물어보기 전에 반드시 'Excuse me'라고 말하는 것도 잊지말자.

여기서 사진 찍어도 되나요?
Can I take a picture here?
캔 아이 테익 어 픽쳐 히어

사진 좀 찍어 주시겠어요?
Can you take my picture, please?
캔 유 테익 마이 픽쳐 플리즈

이 버튼을 누르면 됩니다.
Just press down this button.
저스트 프레스 다운 푸쉬 디스 버튼

죄송합니다, 샷터를 눌러주시겠습니까?
Excuse me, but would you press this shutter?
익스큐즈 미 벗 우 쥬 프레스 디스 샤터

후래쉬를 사용해도 될까요?
Can I use a flash here?

캔 아이 유즈 어 후래쉬 히어

저와 함께 사진 찍으실래요?
Would you take a picture with me?

우 쥬 테익 어 픽쳐 윗 미

필름은 어디서 살 수 있습니까?
Where can I buy film for my camera?

웨어 캔 아이 바이 휘음 풔 마이 캐머러

이것을 현상해주세요.
Please develop this film.

플리즈 디벨럽 디스 휘음

언제 사진을 찾으러 올까요?
When can I pick them up?

웬 캔 아이 픽 뎀 업

카메라에 필름 한 통 넣어주세요.
Excuse me, put a roll of film in this camera.

익스큐즈 미, 풋 어 롤 오브 휘음 인 디스 캐머러

박물관에서

박물관이나 미술관은 관람하기 전에 미리 예약을 해두는 것이 좋다. 또 휴관일인지도 살펴봐야 하고 끝나기 한시간 전에 무료입장할 수 있는 곳도 있다. 미술 전시관은 국제 학생증(ISIC)의 12세 이상 모든 학생, 국제 유수증(IYEC)은 12세 이상에서 만26세 미만은 할인받을 수 있다. 주의할 점. 작품에 손 안돼기

몇 시까지 엽니까?
How late is it open today?

하우 레잇 이즈 잇 오픈 투데이

입장료는 얼마인가요?
How much is the admission fee?

하우 머치 이즈 디 어드미션 휘

학생은 할인이 됩니까?
Do you have a discount for a student?

두 유 해브 어 디스카운트 훠 어 스튜던트

입장해도 되나요?
Can I get in?
> 캔 아이 겟 인

안내해 주시는 분이 있나요?
Is there anyone who can guide me?
> 이즈 데어 애니원 후 캔 가이드 미

박물관 기념품은 어디서 사나요?
Where can I buy museum souvenirs?
> 웨어 캔 아이 바이 뮤지엄 수버니어스

그림엽서 판매하나요?
Do you sell postcards?
> 두 유 쎌 포스트카즈

출구가 어디죠?
Where is the exit?
> 웨어 이즈 디 엑짓

박물관은 몇시에 문을 닫습니까?
When does the museum colse?
> 웬 더즈 더 뮤지엄 클로즈

관광 05

미술 전시관

가봐야 할 미술관을 추천해 주시겠습니까?
Would you recommend the art-museums?
우 쥬 레커멘드 디 아트 뮤지엄스

보스턴 미술관은 일요일에 엽니까?
Is the Boston Museum open on Sundays?
이즈 더 보스턴 뮤지엄 오픈 언 썬데이즈

지금은 무엇을 전시하고 있나요?
What's exhibited now?
왓츠 익지빗티드 나우

~ 미술관에 특별전시회가 열리고 있나요?
Is there a special exhibition in ~ Gallery?
이즈 데어 어 스페셜 엑서비션 인 ~ 갤러리

160

특별 행사가 있나요?

Are there any special events?

> 아 데어 애니 스페셜 이벤츠

휴관일은 언제인가요?

When is it closed?

> 웬 이즈 잇 클로즈드

한국어로 된 안내책이 있나요?

Do you have a brochure in Korean?

> 두 유 해브 어 브로슈어 인 코리언

팜플릿 좀 주시겠어요?

Can I have a pamphlet?

> 캔 아이 해브 어 팜플릿

저것은 누구의 작품입니까?

Whose work is that?

> 후즈 워크 이즈 댓

휴게실은 어디인가요?

Is there a lounge?

> 이즈 데어 어 라운지

관광 06

골프, 테니스

여행지에서 골프나 테니스 등 운동을 즐기려면 미리 호텔에 예약을 해두는 것이 좋다. 다만 나라에 따라서 호텔 투숙객들에게 운동시설을 무료로 제공해 주는 곳도 있다. 단, 이용하기 전에 복장이나 운동예절에 관해 알아보고 스포츠를 즐기는 것도 관광 에티켓이다.

어떤 운동을 좋아하세요?
What kind of sports do you like?
왓 카인드 어브 스포츠 두 유 라익

골프를 하고 싶네요.
I want to play golf.
아이 원투 플레이 골프

1인당 얼마입니까?
How much is it per person?
하우 머치 이즈 잇 퍼 펄슨

그 외에 요금이 있습니까?
Is there any extra charge?
이즈 데어 애니 엑스트라 촤아쥐

예약을 부탁합니다.
A reservation, please.

어 레저베이션 플리즈

오늘 테니스를 하고 싶네요.
We want to play tennis today.

위 원투 플레이 테니스 투데이

한 시간에 얼마죠?
How much for an hour?

하우 머치 훠 언 아우워

라켓을 두 개 빌려주세요.
I need to rent two rackets.

아이 니드 투 렌트 투 래킷츠

어디서 자전거 빌릴 수 있습니까?
Where can I rent a bike?

웨어 캔 아이 렌트 어 바익

도보 여행할 수 있습니까?
Can I go on a hike?

캔 아이 고우 언 어 하익

관광 07

스포츠 관전

스포츠 관전이나 영화, 뮤지컬 관람 등의 티켓은 호텔 후론트에 구입을 부탁할 수 있다. 하지만 인기 스포츠 경기의 경우 사전에 매진이 될 수 있기 때문에 미리 예약을 해야 한다. 공연관람도 최소 3일전에는 미리 예약을 해둬야 차질이 생기지 않는다.

오늘 프로야구 경기를 볼 수 있습니까?
Can I see a professional baseball game today?

캔 아이 씨 어 프러훼셔널 베이스볼 게임 투데이

축구 시합을 보고 싶어요.
I want to watch a soccer game.

아이 원투 워치 어 싸커 게임

보스턴 시합은 언제 있습니까?
When is the Boston going to play next?

웬 이즈 더 보스턴 고잉 투 플레이 넥스트

어느 팀이 경기합니까?
Which teams are playing?

위치 팀스 아 플레잉

몇 시부터 합니까?
What time does it begin?

왓 타임 더즈 잇 비긴

표가 있나요?
Can I still get a ticket?

캔 아이 스틸 겟 어 티킷

죄송합니다, 매진이네요.
Sorry, we're sold out.

쏘리 위어 솔드 아웃

어느 쪽 팀을 응원하고 있습니까?
Which team are you rooting for?

위치 팀 아 유 루팅 훠

누가 이기고 있습니까?
Who is ahead?

후 이즈 어헤드

그 경기는 흥미진진했다.
The game was exiting.

더 게임 워즈 익싸이팅

극장, 공연장에서

오늘 좌석 있나요?
Can I have a seat for today?
캔 아이 해브 어 씨트 훠 투데이

오늘 티켓은 남아 있습니까?
Are there any tickets left for today?
아 데어 애니 티킷츠 레프트 훠 투데이

무슨 작품 공연중이죠?
What's on at the theater?
왓츠 언 앳 더 씨어터

티켓은 얼마짜리부터 있나요?
What do tickets start at?
왓 두 티킷츠 스탓 앳

영화관은 어디 있나요?
Where is the movie theater?

웨어 이즈 더 무비 씨어터

몇 시 표가 있나요?
At what time is the movie showing?

앳 왓 타임 이즈 더 무비 쇼우잉

일곱시 티켓 두 장 주세요.
I want two seats for the seven o'clock show.

아이 원트 투 씨잇츠 훠 더 세븐 어클락 쇼우

입장료는 얼마죠?
How much is the admission?

하우 머치 이즈 디 어드미션

이곳은 내 자리입니다.
I think it's my seat.

아이 씽크 잇츠 마이 씨트

여기 자리 있나요?
Is this seat taken?

이즈 디스 씨트 테이큰

활·용·단·어

관광 tour/sightseeing
투어/싸잇씨잉

여행사 travel agency
츄래블 에이전시

외국인 foreigner
훠러너

휴양지 resort
리조트

유원지 amusement park(= amusement grounds)
어뮤즈먼트 팍(미)(= 어뮤즈먼트 그라운즈(영))

명소 famous place
훼이머스 플레이스

사적지 historic place
히스토릭 플레이스

건축 architecture
아키텍춰

문화유산 cultural heritage
컬추럴 헤리티지

미술관 art museum
아트 뮤지음

화랑 art gallery
아트 갤러리

특별전 temporary exhibition
템퍼러리 엑서비션

대성당 cathedral
커씨드럴

전망대	observatory
	업저버토리

성 castle
　　캐슬

공연 performance
　　퍼훠먼스

거리 공연 street performance
　　스트릿 퍼훠먼스

클래식 콘서트 classical concert
　　클래시컬 컨서트

매표소 ticket booth
　　티킷 부스

입장료 addmission fee
　　어디미션 휘

지정석 designated/reserved seat
　　데지그네이티드/리저브드 씨이트

재입장하다 reenter
　　리엔터

가이드 동반 관광 guided tour
　　가이디드 투어

문화행사 cultural events
　　컬추럴 이벤츠

일정 itinerary
　　아이티너러리

참가하다 join in/participate in
　　조인 인/ 피티시페이트 인

Chapter 6
식사

01. 레스토랑 예약 및 자리 앉기

02. 레스토랑에서 주문하기 ①

03. 레스토랑에서 주문하기 ②

04. 술집에서

05. 커피숍에서

06. 패스트푸드점에서

- 숙박료에 아침식사가 포함되어 있는지 확인한다.

  유럽호텔들은 아침식사(continental breakfast)가 제공되지만 미국에서는 거의 제공되지 않는다.

- 그 나라의 대표적인 음식을 먹어보는 것도 좋은 경험이다.

  이태리의 마가리타 피자, 영국의 휘쉬앤칩스, 스위스의 퐁뒤 등등

- 현지 음식이 맞지 않으면 햄버거를 먹게 되는데 그것보다 슈퍼에서 빵, 우유, 과일을 사서 먹는 게 났다.

  한국에서 떠날 때 간단한 캔으로 된 반찬이나 컵라면 등을 준비해 간다.

  현지에서 식당을 찾을 때는 차이나타운에 가면 우리나라 음식과 비슷하지만 자장면, 짬뽕은 없다.

○ 식당에서 에티켓

1. 고급 레스토랑은 예약을 하고 정장을 입어야한다.
2. 레스토랑에 들어가서는 웨이터의 안내를 기다려야 한다.
3. 음시 씹는 소리가 나지 않도록 하고, 특히 스프 먹을 때 수저로 소리나지 않게 먹는다.
4. 빵은 포크와 나이프로 썰어 먹지 않는다, 한입에 먹을 수 있게 손으로 뜯어 먹는다.

TRAVEL TIP

5. 원형 식탁에서 여럿이 식사할 때는 왼쪽에 있는 접시가 자신의 빵 접시이다.
6. 포크가 떨어졌을때는 줍지 말고 웨이터에게 새로 갖다 달라고 한다.
7. 소금이나 버터는 가까이 있는 사람에게 건네줄 것을 부탁한다.
8. 냅킨은 식사 중에 입만 닦고 자리를 비울 때는 의자에 놓는다.
9. 종업원을 부를 때는 손을 들거나 눈이 마주칠 때 얘기한다.
10. 식사비용의 10~15% 정도 팁을 테이블에 놓는다.

식사 01

레스토랑 예약 및 자리 앉기

여행에서 빼놓을 수 없는 것 중의 하나는 그 나라의 음식을 맛보는 것. 나라마다 음식문화와 예절이 다르다는 점 알아두자. 외국의 고급 식당의 경우 남자는 넥타이에 정장, 여자는 드레스를 입는 것이 에티켓.

예약이 필요합니까?

Do I need a reservation?

두 아이 니드 어 레져베이션

오늘 저녁 7시에 네 명을 부탁합니다.

A party of four at 7:00 tonight.

어 파티 어브 훠 앳 세븐어클락 투나잇

몇 분이십니까?

How many people, please?

하우 메니 피플 플리즈

네 사람입니다.
Four, please.

휘 플리즈

창가 자리 있나요?
Do you have seats by the window?

두 유 해브 씨잇츠 바이 더 윈도우

금연석으로 부탁합니다.
Non-smoking seat, please.

난 -스모킹 씨트 플리즈

잠시만 기다려 주세요.
Just a moment, please.

저스트 어 모먼 플리즈

얼마나 기다려야 하나요?
How long wil we wait?

하우 롱 윌 위 웨잇

기다릴게요.
Wc will wait.

위 윌 웨잇

레스토랑에서 주문하기 ①

이제 음식을 맛볼 시간. 하지만 메뉴선택이 너무 어렵다. 이럴 때는 식당에서 권하는 음식을 주문하는 것이 좋다. 식당마다 내세우는 주 메뉴가 있기 마련.

메뉴를 주시겠습니까?
May I have the menu, please?

> 메이 아이 해브 더 메뉴 플리즈

이 식당의 전문요리는 무엇인가요?
What's your specialty?

> 왓츠 유어 스페셜티

그건 얼마인가요?
How much is it?

> 하우 머치 이즈 잇

그걸로 주세요.
O. K, I'll try it.

> 오케이 아일 츄라이 잇

이것은 어떤 요리인가요?
What's this like?

왓츠 디스 라익

세트 메뉴 있나요?
Do you have any set menu?

두 유 해브 애니 셋 메뉴

이걸로 주세요.(메뉴 판 가리키며)
I'll take this.

아일 테익 디스

중간으로(잘 익혀, 덜 익혀)주세요.
Medium(Well done, Rare), please.

미디엄 (웰던, 레어) 플리즈

조금만 기다려주시겠어요? 아직 결정하지 않았습니다.
Can you give me a minute? I haven't decided yet.

캔 유 기브 미 어 미닛 아이 해븐트 디사이디드 옛

똑같은 것으로 주세요.
I'll have the same.

아일 해브 더 쎄임

식사 03

레스토랑에서 주문하기 ②

외국 식당에서는 메뉴를 갖다 주기 전 혹은 가져다 주면서 'Hi How are you today?' 혹은 'Can I get you anythingt to drink?(마실 것을 무엇으로 하시겠습니까?)'라고 묻는다. 이때는 'Yes, please(네, 좋습니다)' 혹은 'No, thanks(아니오, 괜찮아요)'라고 답해주면 된다.

빨리 되는 요리가 뭐죠?
What can you serve quickly?

왓 캔 유 서브 퀵클리

야채수프로 주세요.
Vegetable soup, please.

베지터블 수프 플리즈

빵을 더 주세요.
Some more bread, please.

썸 모어 브래드 플리즈

디저트는 무엇으로 드시겠어요?
What would you like for dessert?

왓 우 쥬 라익 훠 디저트

아이스크림 하나 주세요.
I'll have an ice cream.

아일 해브 언 아이스크림

커피로 주세요.
I'll have coffee.

아일 해브 커피

물 좀 주세요.
Water, please.

워터 플리즈

컵 하나 더 주세요.
One more glass, please.

원 모어 글래스 플리즈

남은 음식을 싸주시겠어요?
Will you wrap it up?

윌 유 랩 잇 업

식사 04

술집에서

여행의 묘미 중 하나는 그 나라의 술집을 찾아가 보는 것. 이때 와인 한잔은 어떨까. 와인과 어울리는 음식궁합을 보면 육류에는 적포도주, 생선에는 백포도주, 세리(sherry)는 스페인산 백포도주로 식전에 마신다.

지금 주문해도 됩니까?
May I order now?
메이 아이 오더 나우

맥주로 주세요.
Beer, please.
비어 플리즈

어떤 맥주가 있나요?
What kind of beer do you have?
왓 카인드 어브 비어 두 유 해브

붉은 포도주를 부탁해요.
Red wine, please.
레드 와인 플리즈

위스키 있습니까?
Do you have whiskey?
> 두 유 해브 위스키

안주는 뭐가 있나요?
What do you have any side dish?
> 왓 두 유 해브 애니 싸이드 디쉬

같은 걸로 한잔 더 주세요.
The same one, please.
> 더 쎄임 원 플리즈

물수건 좀 주세요.
A wet towel, please.
> 어 웻 타월 플리즈

칵테일 있나요?
Do you have any cocktail?
> 두 유 해브 애니 칵테일

이 지방의 포도주를 주세요.
I'd like some local wine.
> 아이드 라익 썸 로우컬 와인

커피숍에서

보통 커피숍에서는 커피를 주문하면 사이즈를 물은 후 커피 취향을 묻는다. 우리나라 사람들이 즐기는 헤이즐보, 아이리쉬 등은 'Flavor Coffee'라고 하며 카페라테 등은 'Specialty Coffee'라고 한다.

제 주문을 받아주시겠습니까?
Will you take my order, please?

월 유 테익 마이 오더 플리즈

주문하시겠어요?
Would you like to order?

우 쥬 라익 투 오더

에스프레소 주세요.
Espresso, please.

에스프레소 플리즈

연하게요 진하게요?
Mild or strong?

마일드 오어 스트롱

선불인가요?
Should I pay in advance?

숫 아이 페이 인 어드밴스

종이컵과 머그컵 어디에 드릴까요?
A paper cup or a mug?

어 페이퍼 컵 오어 머그

콜라 주세요.
Coke, please.

코우크 플리즈

가져가실 건가요, 여기서 드실 건가요?
Is that to go or for here?

이즈 댓 투 고우 오어 휘 히어

물 좀 더 주세요.
Some more water, please.

썸 모어 워터 플리즈

계산 부탁합니다.
Can I have the check?

캔 아이 해브 더 첵

패스트푸드점에서

외국에서는 청량음료를 주문할 때에는 일반적으로 브랜드 이름을 말한다. 예를 들어 콜라는 coke(코우크)라 하고, 펩시(pepsi), 사이다는 seven-up(세븐업), 스프라이트는 (sprite)등이 그것이다.

이것을 주문할 수 있습니까?
Can I have this one, please?

캔 아이 해브 디스 원 플리즈

(햄버거)B세트 하나주세요.
A set of B, please.

어 셋 오브 비 플리즈

여기서 먹을 거예요.
I'll eat here.

아일 잇 히어

가져갈 거예요.
To go.

투 고우

마실 것 드릴까요?
Something to drink?

>   썸씽 투 드링크

어떤 사이즈로 하시겠어요?
What size?

>   왓 싸이즈

감자튀김도 드릴까요?
Would you like French fries?

>   우 쥬 라익 후렌치 후라이즈

콜라에 얼음 좀 더 넣어 주시겠어요?
Can I have more ice in my coke?

>   캔 아이 해브 모어 아이스 인 마이 코우크

음료수 에 얼음은 넣지 마세요.
No ice in my drink, please.

>   노우 아이스 인 마이 드링크 플리즈

이것을 포장해 주시겠습니까?
Could you pack this up for me?

>   쿠 쥬 팩 디스 업 훠 미

활·용·단·어

그 지역의 음식 local food
로우컬 후드

민속요리 ethnic food
에스닉 후드

특별요리 speciality(= specialty)
스페시앨러티(미)(= 스페셜티(영))
- make a specialty of ~ 을 전문으로 하다

오늘의 특별요리 today's special
투데이즈 스페셜

주방장 특별요리 chef's choice
치프스 초이스

접시, 요리 dish   **큰접시** platter
디쉬   플래터

전채요리 appetizer
애퍼타이저

생선과 고기사이에 나오는 주요 요리 entree
앙트레(불어)

달걀에서 한쪽만 익힌 것 sunny-side up
써니-사이드 업

양쪽 다 익힌 달걀 over easy
오버 이지

구운 감자 baked potatoes
베이트 포테이토스

석쇠에 구운 grilled
그릴드

너무 익힌 overdone
오버던

한국어	영어	한국어	영어
싱거운	bland 블랜드	짠	salty 쏠티
단	sweet 스위트	신	sour 사우어
뜨거운, 매운	hot 핫	양념이 강한, 매운	spicy 스파이시
맛있는	delicious 딜리셔스	맛없는	unsavory 언세이버리
쓴	bitter 비터		
식초	vinegar 비니거		
고기	meat 미트	소고기	beef 비프
돼지고기	pork 포크	양고기	mutton 머튼
야채	vegetable 베지터블		
해산물	seafood 씨후드		
유제품	dairy product 데어리 프라닥트		
술	alcohol(= liquor) 알코홀(= 리커)		
생맥주	draft beer 드래프트 비어		brand beer 브랜드 비어

Chapter 7
쇼핑

01. 백화점 쇼핑하기

02. 의류 매장

03. 악세사리 매장

04. 보석 매장

05. 신발 매장

06. 화장품 매장

07. 슈퍼마켓에서

08. 환불 교환할 때

◐ 면세점

- 시내 면세점은 여권과 항공권을 갖고 가야 구매할 수 있고, 출국하기 한 달 전부터 출국전날까지 쇼핑할 수 있다.
 출국할 때 공항 면세품 물품 수령 창구에서 영수증, 교환권, 여권을 보여주고 물품을 받는다.
 해외로 출국하는 내국인이 면세점에서 구입할 수 있는 한도는 미화 3000달러이고, 해외에서 입국하는 여행자의 물품 면세 한도액은 미화 400달러이다. 초과시 세관에 신고하고 세금을 납부해야 한다.
- 공항 면세점은 규모가 커서 안내데스크에서 면세점 지도를 얻고 체크인을 앞당겨 2시간 정도 있어야 여유있게 쇼핑 할 수 있다. 물건은 즉시 받지만 여행내내 들고 다녀야 하기 때문에 무거운 물품은 피한다.
- 기내 면세점은 품목이 다양하지 않고 인기있는 품목은 매진되므로 미리 예약한다.
 물품정보는 각 항공사 홈페이지에서 체크한다.
- 해외 면세점은 신제품이 많고 여행중에 들고 다닐 필요 없지만, 한 시간내에 쇼핑해야 하기에 시간적 여유가 없고 교환이나 환불이 힘들다.
- 인터넷 면세점은 대부분의 면세점들이 인터넷 면세점도 함께

운영한다. 시간이 없을 때 인터넷을 사용하면 편리하다. 결제는 신용카드만 되고 물건은 공항에서 받는다.

- 면세품 수령소는 각 국제선 청사의 이민국 통과후 바로 옆에 위치하고 있다.

◐ 세금 환급

- 유럽 면세 쇼핑(Europe Tax-Free Shopping)은 유럽연합(EU) 22개국과 ETS에 가입한 비유럽연맹국가(미국, 캐나다, 싱가포르, 일본…)에서 Tax Free, Tax Refund Shopping 상점에서 외국관광객이 물건을 사면 특별소비세를 환급해주는 제도이다.

- 환급 받으려면 TAX FREE 로고가 있는 상점에서 일정액 이상 구입할 때(나라별 기준이 다름), ETS/GST 면세 쇼핑 전표를 작성하면 판매전표원본, 구입자 보관용, 리펀드사 보관용 3매를 환급봉투에 넣어준다. 출국전에 세관에서 전표에 확인도장을 받아 가까운 ETS 환불 창구에서 현금으로 받는다.

- 국가별로 환급 조건이나 규정이 다르므로 여행전에 자세한 정보를 체크한다.

쇼핑 01

백화점 쇼핑하기

외국의 백화점을 포함한 대부분의 상점 영업시간은 보통 오전 10시~ 오후 6시 사이이다. 일요일과 축제일은 대부분 문을 닫지만 관광객이 많이 모이는 곳에서는 문을 여는 곳도 있다. 현지인들이 자주 이용하는 백화점이나 상점을 알아두면 편리하다. 유럽에서 백화점 1층은 그라운드 홀로어(Ground floor), 2층은 훠스트 홀로어(First floor)라 부른다.

이 근처에 쇼핑센터가 어디 있나요?
Is there a shopping center near here?
이즈 데어 어 쇼핑 센터 니어 히어

가까운 백화점은 어디 있나요?
Where's the nearest department store?
웨얼즈 더 니어리스트 디파트먼트 스토어

이 지도에서 가르쳐 주세요.
Could you show me the way on this map?
쿠 쥬 쇼우 미 더 웨이 언 디스 맵

이 곳의 특산품은 무엇인가요?
What are some special products of this area?

왓 아 썸 스페셜 프로덕츠 어브 디스 에리어

기념품을 사고 싶어요.
I'd like to buy some souvenirs.

아이드 라익 투 바이 썸 수버니어스

구경하고 있습니다.
I'm just looking around.

아임 저스트 룩킹 어라운드

찾으시는 물건이 있나요?
Are you looking for anything?

아 유 룩킹 훠 애니씽

만져보아도 됩니까?
Can I touch it?

캔 아이 터취 잇

이것 좀 보여 주세요.
Show me this, please.

쇼우 미 디스 플리즈

다른 걸로 보여주세요.
Show me another one, please.

쇼우 미 어너더 원 플리즈

좀 비싸지 않은 것을 보여주세요.
Could you show me less expensive ones?

쿠 쥬 쇼우 미 레스 익스펜시브 원즈

이것으로 치수가 더 큰 것 있나요?
Can I have this in a larger size?

캔 아이 해브 디스 인 어 라져 싸이즈

죄송하지만, 그 물건들은 품절입니다.
Sorry, but they're out of stock.

쏘리 밧 데이어 아웃 오브 스탁

오늘은 25퍼센트 할인됩니다.
We can offer a 25% - off sale today.

위 캔 오퍼 어 투웬티화이브 퍼센트-오프 세일 투데이

이것으로 할게요.
I'll take it.

아일 테이킷

생각해 보고 다시 올게요.
I think I'll come back.

아이 씽크 아일 컴 백

좀 더 싼 건 없나요?
Do you have anything cheaper?

두 유 해브 애니씽 취퍼

선물용으로 포장해 주세요.
Please gift-wrap this.

플리즈 기프트-랩 디스

따로 따로 포장해 주시겠어요?
Will you wrap these one by one?

윌 유 랩 디즈 원 바이 원

전부 얼마입니까?
What is the total?

왓 이즈 더 토틀

영수증을 받을 수 있을까요?
Can I have a receipt?

캔 아이 해브 어 리씨트

쇼핑 02

의류 매장

의류 매장에 들어서면 'Hi'라고 인사하는 것이 좋다. 살 마음이 없을 때에는 'No thank you'라고 확실하게 말한다. 일반적으로 미국, 유럽의 옷 사이즈는 우리나라 사이즈보다 한 치수가 큰 편이다.

입어 봐도 될까요?
May I try it on?

메이 아이 츄라이 잇 언

마음에 안 들어요.
I don't like it.

아이 돈 라이킷

다른 옷을 입어보아도 될까요?
Can I try on something else?

캔 아이 츄라이 언 썸씽 엘스

좀더 큰 것을 보여주세요.
Do you have a bigger one?

두 유 해브 어 비거 원

기장을 짧게 해 줄 수 있나요?
Will you make it short?

윌 유 메이킷 숏

탈의실은 어디인가요?
Where's the fitting room. please?

웨얼즈 더 휘팅 룸 플리즈

이 옷 소재가 무엇인가요?
What material is this?

왓 머티어리얼 이즈 디스

다른 색은 없나요?
Do you have this in another color?

두 유 해브 디스 인 어너더 컬러

세탁기로 세탁할 수 있습니까?
Is this machine washable?

이즈 디스 머신 워셔블

이것은 가격이 얼마입니까?
What's the price of this?

왓츠 더 프라이스 오브 디스

쇼핑 03

악세사리 매장

외국에서는 일반적으로 여름과 겨울에 빅 세일 행사를 하는데 나라마다 다르므로 미리 정보를 알아두는 것이 좋다. 또한 관광지마다 그 나라를 상징하는 대표적인 악세사리 매장이 있는 데 좀더 싼 가격에 멋진 제품을 구입할 수도 있다.

저 목걸이 좀 보여주세요.
Show me that necklace, please.

쇼우 미 댓 넥클리스 플리즈

이거 24K 순금인가요?
Is this 24 carat gold?

이즈 디스 투웬티훠 캐럿 골드

이것은 무슨 보석인가요?
What is this precious stone?

왓 이즈 디스 프레셔스 스톤

보증서 있나요?
With a warranty?

윗 어 워런티

이것은 무엇으로 만들어졌나요?
What's this made of?

왓츠 디스 메이드 어브

이 반지 좀 보여주세요.
Show me this ring.

쇼우 미 디스 링

저 넥타이핀 좀 보여주시겠어요?
Show me that tie clip, please?

쇼우 미 댓 타이 클립 플리즈

좀 깎아 주실 수 없나요?
Can't you come down a little?

캔 츄 컴 다운 어 리틀

이것으로 사겠습니다.
I'll take it.

아일 테이킷

쇼핑 04

보석 매장

브랜드가 있거나 고가의 보석제품을 구입하려면 면세점이나 전문점, 백화점 등 신용할 수 있는 매장에서 구입하는 것이 좋다. 또 보석을 구매할 때에는 반드시 보증서를 받아야 한다.

보석점은 어디에 있습니까?
Where can I find a jewelry shop?

웨어 캔 아이 화인드 어 쥬얼리 샵

보석을 사려면, 어디가 제일 좋은가요?
Where is the best place for jewelry?

웨어 이즈 더 베스트 플레이스 휘 쥬얼리

그 보석은 이름이 뭡니까?
What's the name of that gem?

왓츠 더 네임 어브 댓 젬

이것은 루비입니다.
It's ruby.

잇츠 루비

이것은 진짜 입니까?
Is it genine?

이즈 잇 제뉴인

어떤 종류의 반지들을 파십니까?
What kinds of rings do you have?

왓 카인즈 어브 링스 두 유 해브

저에게 어떤 것을 추천 하시겠습니까?
What do you suggest for me?

왓 두 유 써제스트 훠 미

진열장에 있는 귀걸이 좀 보여주세요?
Could you show me the earring in the showcase?

쿠 쥬 쇼우 미 디 이어링 인 더 쇼우케이스

그것은 면세입니까?
Is that tax free?

이즈 댓 택스 후리

그 목걸이는 세일하는 겁니까?
Is the necklace on sale?

이즈 더 넥클리스 언 세일

쇼핑 05

신발 매장

신발치수는 나라별로 남녀 사이즈가 같지 않다는 점을 유의하자. 디자인이 마음에 든다고 해서 신어보지 않고 사면 낭패를 볼 수있다.

신발매장은 어디입니까?
Where is the shoe department?

웨어 이즈 더 슈 디파트먼트

신발 매장은 몇 층에 있습니까?
On what floor is the shoe department?

언 왓 홀로어 이즈 더 슈 디파트먼트

저는 운동화 한 켤레를 사려고 합니다.
I'd like to buy a pair of sneakers.

아이드 라익 투 바이 어 페어 어브 스니커즈

사이즈가 작습니다.
This is small for me.

디스 이즈 스몰 훠 미

더 큰 사이즈있습니까?
Do you have a bigger size?

두 유 해브 어 비거 사이즈

다른 것은 없습니까?
Do you have anything else?

두 유 해브 애니씽 엘스

신어 봐도 됩니까?
Can I try them on?

캔 아이 츄라이 뎀 언

가격이 얼마입니까?
What's the price of that?

왓츠 더 프라이스 어브 댓

그것은 제 가격 범위가 아닙니다.
That's not my price range.

댓츠 낫 마이 프라이스 레인쥐

지금 세일 하는 가게가 있습니까?
Are there any shops on sale now?

아 데어 애니 샵스 언 세일 나우

화장품 매장

여성 여행객들이라면 꼭 한번 둘러보고 싶은 곳 중의 하나가 화장품 매장. 외국에서는 고급 브랜드 화장품도 세일하는 경우가 있다. 세일매장 정보를 적극 활용해보자.

화장품 매장으로 가려고 합니다.
I'd go the cosmetics counter.

아이드 고우 더 코즈메틱스 카운터

어떤 향수가 잘나가나요?
What's the popular perfume?

왓츠 더 파퓰러 퍼퓸

이 향수의 샘플이 있나요?
Do you have a sample of this perfume

두 유 해브 어 샘플 오브 디스 퍼퓸

이거 뿌려봐도 되나요?
Can I try it on?

캔 아이 츄라이 잇 언

립스틱 좀 보여주세요.

Show me some lipsticks, please.

쇼우 미 썸 립스틱스 플리즈

유행하는 색이 어떤 건가요?

What's the fashionable color?

왓츠 더 훼셔너블 컬러

좀더 밝은 색 없나요?

Do you have any lighter color?

두 유 해브 애니 라이터 컬러

좀 더 어두운 색 파운데이션 없나요?

Do you have a little darker colored foundation?

두 유 해브 어 리틀 다커 컬러드 화운데이션

이것은 어디에 사용하는 건가요?

What's this for?

왓츠 디스 훠

샤넬 매니큐어를 사고 싶어요.

I'd like a Chanel manicure.

아이드 라익 어 샤넬 매니큐어

쇼핑 07

슈퍼마켓에서

유럽의 슈퍼마켓은 저녁 6시면 문을 닫는다. 필요한 물품은 미리 사두는 것이 좋다.

저는 식료품을 사려고 합니다.
I need to get some groceries.
아이 니드 투 겟 썸 그로서리스

식품코너는 어디 있죠?
Where is the food department?
웨어 이즈 더 후드 디파트먼트

낱개로 파나요?
Are these sold separately?
아 디즈 솔드 세퍼렛틀리

한 개에 얼마죠?
How much for one?
하우 머치 훠 원

이거 싱싱한가요?
Is this fresh?

이즈 디스 후래쉬

이것은 무슨 고기죠?
What kind of meat is this?

왓 카인드 어브 미트 이즈 디스

어디서 무게를 재나요?
Where can I weigh this?

웨어 캔 아이 웨이 디스

전부 얼마입니까?
How much is it altogether?

하우 머치 이즈 잇 올투게더

(쇼핑)백에 넣어 주시겠어요?
Could you put it in a bag, please?

쿠 쥬 풋 잇 인 어 백 플리즈

거스름돈을 잘못 주신 것 같습니다.
I think you gave me the wrong change.

아이 씽크 유 게이브 미 더 롱 췌인쥐

쇼핑 08

환불 교환할 때

대부분의 미국 상점들은 30일 환불보장제도를 채택하고 있다. 만일 물건을 환불 혹은 교환받으려면 30일 이전에 구매한 영수증을 가지고 가야 한다. 다만 물건에 따라 다를 수 있으므로 구입시 확인은 필수이다.

이 물건 교환할 수 있습니까?
May I get a refund on this?

메이 아이 겟 어 리훤드 언 디스

이 물건 반품되나요?
Can I return this one?

캔 아이 리턴 디스 원

언제 구입하셨나요?
When did you buy it?

웬 디 쥬 바이 잇

영수증 여기 있습니다.
Here is the receipt.

히어 이즈 더 리씨트

다른 것으로 바꿀 수 있나요?
Can I exchange it for something else?

캔 아이 익스체인쥐 잇 휘 썸씽 엘스

다른 사이즈로 교환되나요?
May I change for a different?

메이 아이 체인쥐 훠러 디퍼런트

이 셔츠를 바꾸고 싶어요.
I want to return this shirt.

아이 원 투 리턴 디스 셔츠

이것은 흠이 있어요.
This one has a flaw.

디스 원 해즈 어 홀로

AS는 어디서 받을 수 있나요?
Where can I get repair service?

웨어 캔 아이 겟 리페어 써비스

너무 큽니다.
It's too big.

이츠 투 빅

활·용·단·어

보행자 전용 상점가 shopping mall
쇼핑 몰

할인점 discount store
디스카운트 스토어

편의점 convenience store
컨비니언스 스토어

고급 여성 의류점 boutique
부티크

여성 양장점 dressmaking shop   남성 양복점 tailor shop
드레스메이킹 샵   테일러

토속품점 folk craft shop
훠욱 크래프트 샵

골동품점 antique shop
앤틱 샵

식기점 tableware shop   유리제품 glassware
테이블웨어 샵   글라스웨어

주방용품 kitchen utensil
키친 유텐슬

일용품 daily commodities
데일리 커머더티즈

스포츠용품점 sporting goods store
스포팅 굿즈 스토어

문방구점 stationery   학용품 school supplies
스테이셔너리   스쿨 써플라이즈

화장품 cosmetics
코즈메틱스

영업시간	business/office hours	비즈니스/어피스 아우어스
신상품	brand-new item	브랜-뉴 아이템
품질	quality	퀄러티
재료, 옷감	material	머티어리얼
사이즈를 재다	measure	메져
수수한	plain	플레인
야한	loud	라우드
헐렁한	loose	루스
꼭 끼는	tight	타이트
가짜	fake	훼이크
샤프 펜슬	mechanical pencil(= automatic pencil)	머캐니컬 펜슬(= 오토매틱 펜슬)
라면	instant noodle	인스턴트 누들
재고정리 세일	clearance sale	클리어런스 세일
정찰가	fixed price	휙스트 프라이스
보증	guarantee	개런티
환불보증	a money-back guarantee	어 머니-백 개런티

Chapter 8
전화, 우편, 은행

01. 전화걸기

02. 전화받기

03. 우편

04. 은행 이용하기

- 외국에서 국제전화를 하려면 한국에서 후불제 카드를 사서 현지에서 공중전화로 거는 게 저렴하다.
후불제 카드 발급은 7~15일 걸리므로 여행전에 미리 신청한다.
- 한국에서 전화 받는 시간(밤부터 새벽시간)을 기준으로 할인받을 수 있다.
호텔방 전화를 사용하면 별도로 요금을 내야 하므로 공중전화를 이용한다.
- 호텔방에서 국제전화 하는게 제일 비싸고, 한국에서 선불이나 후불제 카드를 구입하고 외국에서 공중전화로 외국교환을 통하지 않고 KT나 데이콤을 통해 한국에 전화하는게 가장 저렴하다.
- 거는 방법은 카드에 있는 접속 번호를 누르고 언어를 선택한다. 그리고 카드번호와 #버튼을 누르고 전화 받을 사람의 전화번호(국가번호+지역번호)와 #버튼을 누르고 통화한다.
- 수신자 부담 전화(collect call)는 비싸지만 우리나라 전화요금이 외국보다 싸서 위급할 때 이용하고, 한국어로 써비스를 받을 수 있어 편리하다.
- 여행국에서 전화할 때는 동전이나 전화카드를 사용한다. 프랑스의 공중전화는 거의 카드식이다.

TRAVEL TIP

- 뉴욕이나 LA 같은 대도시는 지역번호를 2개 이상 사용하여 시내전화가 장거리 전화로 될 수 있다.
- 외국에서 은행계좌 없이 송금 받으려면 웨스턴 유니언 대리점을 이용한다.
  한국의 외환은행이나 국민은행에서 받는 사람의 여권 영문 이름과 받는 나라 이름으로 송금하면 해외 유니언 대리점에서 돈을 빨리 받을 수 있지만 수수료가 있으므로 꼭 긴급하게 경비가 필요할 때에만 이용한다.
- 외국에서 환전할 때는 은행에서 환전하는게 유리하고, 역주변이나 공항은 수수료가 비싸다.
  미리 한국에서 자신이 거래하는 은행을 이용하면 환전 수수료를 아낄 수 있다.
- 인터넷 뱅킹으로 사이버 환전을 하면 수수료를 절약할 수 있다.

전화 · 우편 · 은행 **01**

전화걸기

외국에서 한국에 전화를 걸 때는 국제전화 카드를 이용하는 것이 가장 저렴하다. 호텔 객실에서 걸게 되면 통화요금 이외에 호텔 서비스 요금이 부과된다. 또 외국에서 한국의 휴대폰으로 걸 때는 휴대폰 번호의 맨 앞의 '0'은 빼고 걸어야 한다.

국제전화는 어떻게 걸죠?
How do I call overseas?

하우 두 아이 콜 오버씨즈

한국으로 국제전화를 걸고 싶어요.
I'd like to make an international call to Korea.

아이드 라익 투 메익 언 인터내셔널 콜 투 코리아

수신자 부담으로 해주세요.
Make it a collect call, please.

메이킷 어 콜렉트 콜 플리즈

전화가 중간에 끊겼어요.
I was cut off.

아이 워즈 컷 어프

이 전화로 국제전화 걸 수 있나요?
Can I make an international call with this phone?

캔 아이 메익 언 인터내셔널 콜 윗 디스 폰

요금은 여기서 지불할겁니다.
I'll pay for it here.

아일 페이 훠릿 히어

끊지 말고 기다리세요.
Hold the line, please.

홀드 더 라인 플리즈

끊고 기다리세요.
Hang up, please.

행 업 플리즈

호텔방으로 전화요금을 청구할까요?
Shoul I charge the call to your room?

숫 아이 촤아지 더 콜 투 유 룸

전화받기

호텔 객실 전화기에 빨간불이 켜져 있으면 전화가 왔거나 메시지가 있다는 표시이다.

여보세요, 저는 ~ 입니다.
Hello, this is ~ .
> 헬로 디스 이즈 ~

누구십니까?
Who's calling, please?
> 후즈 콜링 플리즈

제가 ~ 입니다.
This is ~ speaking.
> 디스 이즈 ~ 스피킹

그는 지금 외출했습니다.
He is out now.
> 히 이즈 아웃 나우

언제쯤 돌아오나요?
When is he coming back?

웬 이즈 히 커밍 백

통화중입니다.
He is busy on the other line.

히 이즈 비지 언 디 아더 라인

잠시만 기다려주세요.
Hold on a minute, please.

홀드 언 어 미닛 플리즈

그에게 메시지 좀 전해주시겠어요?
May I leave a message with him?

메이 아이 리브 어 메시쥐 윗 힘

뭐라고 전해 드릴까요?
Shall I take a message?

샬 아이 테익 어 메시쥐

이 전화를 7번 방으로 연결해 주시겠습니까?
Would you transfer this call to room No. 7?

우 쥬 츄랜스퍼 디스 콜 투 룸 넘버 세븐

전화 · 우편 · 은행 03

우편

미국은 백화점이나 쇼핑센터에 간이 우체국이 있어 편리하게 이용할 수 있다. 유럽에서는 호텔이나 유스호스텔에 숙박하면 우편 서비스를 해주기도 하지만 소포는 반드시 우체국에서 보내야 한다.

우체국이 어디 있나요?
Where is the post office?

웨어 이즈 더 포스트 어피스

항공편으로 부치려고 합니다.
I'd like to send this by airmail.

아이드 라익 투 샌드 디스 바이 에어메일

항공편으로 부치면 얼마나 걸리죠?
How long does it take by airmail?

하우 롱 더즈 잇 테익 바이 에어메일

우편 요금은 얼마죠?
What is the postage?

왓 이즈 더 포스티쥐

220

여기서 우표를 살 수 있나요?

Can I buy stamps here?

캔 아이 바이 스템스 히어

이 그림엽서를 한국으로 보내려 해요.

I want to send these postcards to Korea.

아이 원 투 샌드 디즈 포스트카즈 투 코리아

소포용으로 포장해 주시겠어요?

Will you pack up this as a parcel?

윌 유 팩 업 디스 애즈 어 파슬

안에 뭐가 들어 있나요?

What is in it?

왓 이즈 인 잇

이것을 등기로 보내고 싶습니다.

I'd like to send this by registered mail.

아이드 라익 투 샌드 디스 바이 레지스터드 메일

배편으로 보내면 얼마입니까?

How much will it be by sea mail?

하우 머치 윌 잇 비 바이 씨 메일

전화 · 우편 · 은행 **04**

은행 이용하기

여행 전에 외국은행에서 쓸 수 있는 현금카드를 만들어 갈 수 있는 데 사용할 때마다 일정액의 수수료가 붙는다. 여행자 수표는 구입 즉시 분실이나 도난에 대비해 본인 서명을 해야 한다.

은행이 어디 있죠?
I'm looking for a bank.

아임 룩킹 훠 어 뱅크

현금 지급기가 어디 있죠?
Is there ATM around here?

이즈 데어 에이티엠 어라운드 히어

여행자 수표를 현금으로 바꿔주세요.
I'd like to cash some travelers' checks.

아이드 라익 투 캐쉬 썸 츄래블러스 첵스

수표마다 서명해 주시겠어요?
Can you please sign each check?

캔 유 플리즈 싸인 이치 첵

얼마나 현금으로 바꾸시겠어요?
How much would you like to cash, sir?

하우 머취 우 쥬 라익 투 캐쉬 써

여권 좀 보여 주시겠어요?
May I see your passport, please?

메이 아이 씨 유어 패스포트 플리즈

여행자 수표를 잃어버렸어요.
I lost my travelers' checks.

아이 로스트 마이 츄래블러스 첵스

몇 달러짜리 지폐로 드릴까요?
Would you like it in large or small bills?

우 쥬 라이킷 인 라쥐 오어 스몰 빌즈

수표를 백달러짜리로 해주세요.
I want my checks in hundreds.

아이 원트 마이 첵스 인 허드레즈

돈을 세어보세요.
Please, count your money.

플리즈 카운트 유어 머니

활·용·단·어

시내전화 local call
로컬 콜

교환원 operater
오페레이터

전화번호부 telephone directory
디렉터리

수화기 receiver
리씨버

전화를 받다 answer the phone
앤써 더 폰

~에게 전화를 연결하다 put ~ through to
풋 ~ 쓰루 투

전화카드 phone/calling card
폰/콜링 카드

전화요금 phone charge/rate
폰 차아쥐/레이트

우편료 postage
포스티쥐

항공우편 air mail
에어 메일

선편 sea/surface mail
씨/써피스 메일

속달우편 express mail
익스프레스 메일

등기우편 registered mail
레지스터드 메일

보통우편 regular/ordinary mail
레귤러/오디너리 메일

작은 소포 parcel/package
파슬/팩키쥐

무게 weight
웨이트

깨기지쉬운 fragile
후래쥴

우편번호 zip code(= postcode)
짚 코드(= 포스트코드(영))

수수료 handling charge
핸들링 차아쥐

기념우표 commemorative stamp
커메머레티브 스탬프

현금자동지급기 ATM(automated teller machine)
어러메이티드 텔러 머신

계좌 account
어카운트

창구 직원 teller
텔러

수수료 commission
커미션

외환창구 foreign currency exchange counter
훠린 커런시 익스체인쥐 카운터

온라인 송금 wire/funds transfer
와이어/ 펀즈 츄랜스훠

Chapter 9
트러블

01. 병원에서

02. 약국에서

03. 분실사고

04. 재발급

05. 교통사고

- 여권을 분실 했을 경우 가까운 경찰서에 분실 신고하고 도난 증명서를 받아야 한다. 그리고 한국대사관이나 영사관에서 여권을 재발급 받아야 한다. 미리 여권번호를 적어놓거나 사진이 있는 여권 페이지를 복사해 둔다.
- 단기로 여행할때는 '여행증명서'를 한국영사관에서 발급받은 뒤 현지 법무부에 가서 입국 증명 도장을 받아야 한다. 기간은 2~3일 걸리고 신청서, 수수료, 사진을 준비 해야 한다. '여행자증명서'는 여권을 대신하지만 나라에 따라 인정하지 않거나 추방당할 수도 있다.
- 항공권을 분실 했을때는 현지의 항공사와 티켓을 구입한 여행사에 재발급을 문의한다. 재발급 받으려면 수수료가 5만원~10만원으로 항공사마다 다르다. 재발급이 되지 않으면, 별도의 항공권을 구입해서 귀국한 후, 일부 환불 받으려면 현지에서 발급받은 분실/도난 증명서가 있어야 한다. 할인 항공권인 경우 재발행이 어렵다.
- 신용카드를 분실했을때는 국제전화 콜렉트 콜로 한국의 카드회사에 신고하고 정지시킨다. 미리 카드번호와 카드 분실신고 전화번호를 적어 놓는다.
- 여행자 수표를 분실했을 경우 두 번째 싸인을 하지 않은, 미사용한 것만 재발행이 가능하다. 분실증명서, 발행증명서, 여권 등 신분증을 지참하고 발행은행 현지지점에 간다. 사용한 T/C는 그날 메모하고 미사용 수표번호를 적어두어야 한다.

TRAVEL TIP

- 여행자 보험에 가입했을 때 보상을 받으려면 도난 신고서를 현지 경찰서에서 작성하고 확인도장을 받아 도난 증명서를 발급받는다. 분실이 아닌 도난임을 증명해야 보상 받을수 있다.
- 2004년 11월 15일부터 해외에서 국민이나 교민이 위급한 상황일 때 전화로 정부의 도움을 받을 수 있다.

○ 신속 해외 송금 지원 제도

- 지원 받을 수 있는 한도는 1회이며 미화 3천불 정도이다. 해외여행중 현금, 신용카드를 분실하거나 도난당한 경우, 교통사고 등 갑작스러운 사고를 당하거나 질병을 앓게 돼 긴급하게 경비가 필요할 때 재외공관(대사관, 영사관)을 통하여 긴급 경비를 지원받을 수 있는 제도이다.
- 지원 받을 수 있는 절차는 국내 연고자에게 입금액 및 수수료를 포함한 금액을 외교부 농협구좌에 입금 요청하여 입금되면 재외공관은 즉시 해외여행자에게 긴급 경비를 지원해준다.
- 외교통상부 "영사콜센터"는 연중무휴 24시간 운영하는 수신자 부담 전화이므로 요금이 무료이다. 29개 국가에서 그 나라의 국제전화 접속번호+800-2100-0404를 누르면 무료로 콜센터와 통화할 수 있다. 수신자 부담이 불가능한 지역에서는 유료전화(국가별 접속번호+82-2-3210-0404)를 이용한다. 자세한 사항은 해외안전여행 홈페이지(www.0404.go.kr)에서 확인한다.

트러블 01

병원에서

'hospital(병원)'은 입원을 요하는 중병환자가 가는 병원을 말하며, 단순한 진찰과 처방을 받으려면 'clinic(진료소)'를 찾는다. 여행 중 여행자보험에서 병원 치료비나 입원비를 보상받으려면 현지에서 필요한 서류를 준비해야 한다.

구급차 좀 불러주세요.
Call an ambulance, please.

콜 언 앰블런스 플리즈

어디 아프세요?
What's the matter with you?

왓츠 더 매터 윗 유

어지러워요.
I feel dizzy.

아이 휠 디지

속이 울렁거려요.
I have an upset stomach.

아이 해브 언 업쎗 스터믹

소화가 안돼요.
I have indigestion.
> 아이 해브 인디제스천

콧물이 나와요.
I have a runny nose.
> 아이 해브 어 러니 노즈

열이 있어요.
I have a fever.
> 아이 해브 어 휘버

토할 것 같아요.
I feel like vomiting.
> 아이 휠 라익 버미팅

오한이 납니다.
I feel chilly.
> 아이 휠 칠리

반듯이 누워 보세요.
Lie on your back, please.
> 라이 언 유어 백 플리즈

트러블 02

약국에서

조제약은 처방전이 있어야 살 수 있고 감기약, 소화제 등은 상비약으로 준비해 가는 것이 좋다. 'drugstore(드럭 스토어)'와 'pharmacy(파머씨)'는 모두 약국을 뜻한다는 것도 알아두자.

근처에 약국이 있나요?

Is there a pharmacy near here?

이즈 데어 어 화머시 니어 히어

감기 약 좀 주세요.

Some cold medicine, please.

썸 콜드 메디신 플리즈

소화 불량에 좋은 약 주세요.

I'd like something for an indigestion.

아이드 라익 썸씽 훠런 인디제스천

어떻게 복용하면 되나요?

How do I take this?

하우 두 아이 테익 디스

이 처방전대로 지어주시겠어요?
Could you fill this prescription, please?

쿠 쥬 휠 디스 프리스크립션 플리즈

위장약 있어요?
Do you have any stomach medicines?

두 유 해브 애니 스터믹 메디신즈

두통 약 주세요.
I'd like something for a headache.

아이드 라익 썸씽 훠러 헤드에익

아프신 지 얼마나 되었나요?
How long have you had it?

하우 롱 해브 유 해드 잇

이 알약을 어떻게 복용해야 합니까?
How should I take these pills?

하우 슛 아이 테익 디즈 필스

의사한테 진찰받는게 나을 것 같습니다.
I think you should see a doctor.

아이 씽크 유 슛 씨 어 닥터

트러블 03

분실사고

여행자에게 여권은 곧 신분증. 분실 후에는 즉시 한국대사관에 연락해 재발급을 받아야 한다. 또한 분실에 대비해 여권, 항공권, 여행자 수표 등의 번호를 기록하고 현금보다 여행자 수표를 이용한다.

여권을 잃어 버렸어요.
I lost my passport.

아이 로스트 마이 패스포트

도난 신고를 하려구요.
I'd like to report a theft.

아이드 라익 투 리포트 쎄프트

제 가방을 찾으면 연락주세요.
Please call me if you find my bag.

플리즈 콜 미 이퓨 유 화인드 마이 백

이 번호로 연락주세요.
Please contact this phone number.

플리즈 컨택 디스 폰 넘버

어디서 잃어 버렸는지 모르겠어요.
I don't remember where I lost it.

아이 돈트 리멤버 웨어 아이 로스트 잇

맡아서 보관해 주세요.
Please keep it.

플리즈 킵 잇

나중에 가지러 갈게요.
I'll go get it later.

아일 고우 겟 잇 레이터

소매치기다!
There's a pickpocket!

데얼즈 어 픽파킷

강도의 습격을 당했어요.
I was mugged.

아이 워즈 머그드

트러블 04

재발급

여행국에 따라 여권 유효기간을 6개월 이상 요구하는 나라도 있기 때문에 남은 기간을 확인해야 한다.

신용카드 재발급을 원합니다.
I need a replacement card.

> 아이 니드 어 리플레이스먼트 카드

어디서 찾을 수 있나요?
Where should I come to get it?

> 웨어 슛 아이 컴 투 겟 잇

즉시 카드를 지불정지시켜 주세요.
Please cancel my card right away.

> 플리즈 캔슬 마이 카드 롸잇 어웨이

재 발행이 가능한가요?
Can I have them reissued?

> 캔 아이 해브 뎀 리잇슈드

재 발행하는데 얼마나 걸리나요?
How long does it take to have them reissued?

하우 롱 더즈 잇 테익 투 해브 뎀 리잇슈드

오늘 재 발행되나요?
Can you reissue it today?

캔 유 리잇슈 잇 투데이

새 카드는 언제 나오나요?
When will I get a new card?

웬 윌 아이 겟 어 뉴 카드

재발급 비용은 10달러입니다.
There's a 10$ replacement fee.

데얼즈 어 텐달라즈 리플레이스먼트 휘

여행자 수표를 분실했어요.
I've lost my travelers' checks.

아이브 로스트 마이 츄래블즈 첵스

한국 대사관에 연락 좀 해주세요.
Please call the Korean Embassy.

플리즈 콜 더 코리언 엠버씨

트러블 05

교통사고

여행 중 사고를 당했을 경우에는 먼저 경찰에 신고하여 정확한 사고 증명서를 작성하고, 사고 후 72시간 내에 사고 증명서의 복사본을 보험회사에 제출해야 보험혜택을 받을 수 있다.

가까운 경찰서가 어디입니까?
Where is the nearest police station?
웨어 이즈 더 니어리스트 폴리스 스테이션

911 응급구조대입니다.
911 Emergency.
나인원원 이머전시

교통사고를 신고하려고 해요.
I'd like to report a traffic accident.
아이드 라익 투 리포트 어 츄래픽 액시던트

사람이 다쳤어요.
Someone's been hurt.
썸원즈 빈 허트

뺑소니차에 치었어요.
It was a hit and run accident.

잇 워즈 어 힛 앤 런 액시던트

제 잘못이 아니에요.
It wasn't my fault.

잇 워즌트 마이 폴트

저는 교통신호를 지켰어요.
I did follow traffic regulations.

아이 디드 활로우 츄래픽 레귤레이션즈

보험회사에 연락해 주세요.
Please contact the insurance company.

플리즈 컨텍트 디 인슈런스 컴퍼니

이제 가도 되나요?
Can I continue on my way?

캔 아이 컨티뉴 언 마이 웨이

큰일날 뻔 했습니다.
That was a close call.

댓 워즈 어 클로스 콜

활·용·단·어

분실물센터 lost and found
로스트 앤 화운드

도둑(몰래 훔치는) thief
씨프

주거침입 강도 buglar
버글러

노상강도 robber
라버 머그드

노상강도 당한 mugged
머그드

소매치기 pickpocket
픽파킷트

신고하다 report
리포트

알리다 inform
인훰

도난신고서 theft reoprt
쎄후트 레포트

통역 interpreter
인터프리터

피해자 victim
빅팀

범인 criminal
크리미널

부상자 injured person
인저드 퍼슨

응급 처치하다 give ~ first aid
기브 ~ 훠스트 에이드

순찰차 patrol car
퍼트롤 카

뺑소니 사고 hit and run accident
히트 앤 런 액서던트

충돌	collision	컬리전
차량번호	licence/plate number	라이썬스/플레이트 넘버
견인차	tow truck(= wrecker)	토우 츄럭(=레커)
응급실	ER(emergency room)	이머전시 룸
증상	symptom	씸틈
심한/둔한 통증	sharp/dull pain	샤프/덜 페인
당뇨병	diabetic	다이어베틱
심장병	heart disease/trouble	하트 디지즈/츄러블
식중독	food poisoning	후드 포이즈닝
알레르기	allergy	앨러지
내과의사	physician	휘지션
외과의사	surgeon	써전
진단서	medical certificate(= diagnosis)	메디컬 써티휘킷(= 다이어노우시스)
영사관	consulate	칸써럿

Chapter 10
귀국

01. 항공권 예약
02. 항공권 재확인, 취소
03. 출국 안내
04. 보안검색대

◐ 항공권예약재확인

귀국할 비행기를 탑승 하려면 2~3일전에 미리 비행기 예약 확인을 해야 한다. 만약 예약 확인 없이 출발 당일 날 공항에 나가서 확인 결과 예약이 취소된 경우도 있다. 그러므로 예약 항공사에 전화로 비행기 편명, 도착지, 탑승일, 시간 등을 확인한다.

◐ 출국수속

탑승할 항공사 체크인 카운터에서 여권과 항공권을 제시하고 탑승권을 받는다. 부칠 수하물이 있으면 이곳에서 부치고 수하물표를 받는다. 탑승수속이 끝나면 탑승 시간과 탑승 게이트를 확인 한다. 탑승은 비행기출발 20~30분전에 시작되므로 미리 탑승구 입구에 도착한다.

◐ 면세점

탑승 시간이 여유 있는 여행자는 공항 면세점을 이용해도 좋다. 물건을 구입 할 때는 여행중 남는 동전이 있다면 우선적으로 이곳에서 먼저 쓴다.

◐ 기내에서

도착하기에 앞서 기내에서 승무원이 나누어 주는 여행자휴대품

TRAVEL TIP

신고서를 미리 작성하면 편리하다. 휴대품신고서는 개인당 1장, 가족인 경우 가족당 1장 기재내용은 여권기록 내용과 같아야 한다.

※ 내국인은 입국 신고서를 작성할 필요가 없다.

● 인천공항입국수속절차

도착 → 검역 → 입국심사 → 수하물 수취 → 세관검사 → 출구

- 입국심사 : 내국인 입국심사대에서 자신의 차례가 되면 여권을 제출한다.

● 수하물 찾기

입국심사대 통과 후 수하물 도착 안내전광판에서 수하물수취대 번호를 확인한 후 1층 입국장으로 내려가 지정된 수하물수취대에서 수하물을 찾으면 된다.

● 세관검사

모든 여행자는 세관에 여행자휴대품 신고서(세관에 신고할 물품이 있으면 기재)를 제출해야 한다. 직접 소지하고 기내로 반입한 물품인 경우에는 X-ray 투시기를 통과해야 하며 여행객은 문형금속탐지기를 통해 신변검색을 받아야 한다.

귀국 01

항공권 예약

한 항공사에 같은 기간 여러번 대기(waiting)하면 이중예약으로 취소될 수 있다.

유나이티드 항공사입니다. 무엇을 도와 드릴까요?
United Airlines. May I help you?

유나이티드 에어라인 메이 아이 헬프 유

인천 행 항공편을 예약하고 싶어요.
I'd like to make a reservation to InCheon.

아이드 라익 투 메익 어 레저베이션 투 인천

언제 떠나실 건가요?
When are you leaving?

웬 아 유 리빙

일요일 오후 비행기 있나요?

Any flight on Sunday afternoon?

> 애니 플라잇 언 썬데이 애프터눈

좌석 남은 것 있나요?

Are there any seats left?

> 아 데어 애니 씨잇츠 레프트

일반석으로 주세요.

Economy please.

> 이코노미 플리즈

그것으로 하겠습니다.

I will take it.

> 아이 윌 테익 잇

편도 티켓을 주세요.

One-way, please.

> 원 웨이 플리즈

대기자명단에 올려주시겠습니까?

Would you put me on the waiting list?

> 우 쥬 풋 미 언 더 웨이팅 리스트

귀국 02

항공권 재확인, 취소, 변경

비행기를 갈아타는 경우 양쪽 비행기 모두 예약을 확인해야 한다.

예약을 재확인하고 싶습니다.
I'd like to reconfirm my reservation.

아이드 라익 투 리컨훰 마이 레저베이션

예약을 변경하고 싶습니다.
I'd like to change my reservation.

아이드 라익 투 체인쥐 마이 레저베이션

서울에서 예약했습니다.
I made a reservation in seoul.

아이 메이드 어 레저베이션 인 서울

몇 시에 체크인 해야 하나요?
At what time should I check in?

앳 왓 타임 숫 아이 첵 인

기간을 연장하고 싶어요.
I'd like to extend my stay.

아이드 라익 투 익스텐드 마이 스테이

몇 편 비행기인가요?
What't the flight No.?

왓츠 더 홀라잇 넘버

기간을 단축하고 싶어요.
I'd like to shorten my stay, please.

아이드 라익 투 쇼튼 마이 스테이 플리즈

제 항공편 번호는 605입니다.
My flight number is 605.

마이 홀라잇 넘버 이즈 씩스오화이브

예약을 취소하고 싶습니다.
I'd like to cancel my reservation.

아이드 라익 투 캔슬 마이 레져베이션

귀국 03

탑승 수속

주말이나 일행이 있으면 여유있게 공항에 3~4시간 전에 도착하는 것이 좋다. 탑승 수속이 무사히 끝나면 탑승구를 확인하고 면세점 쇼핑을 해도 괜찮다.

탑승 수속은 어디서 하나요?
Where can I check in?

웨어 캔 아이 첵 인

비행기표를 보여 주시겠습니까?
Let me see your ticket, please.

렛 미 씨 유어 티켓 플리즈

여기 있습니다.
Here you are.

히어 유 아

금연석을 원합니다.
Non-smoking section, please.

난-스모킹 섹션 플리즈

통로와 창가 어느 쪽을 드릴까요?
Would you like an aisle seat or a window seat?

우 쥬 라익 언 아일 씨이트 오 어 윈도우 씨이트

창가 쪽으로 주세요.
Window seat, please.

윈도우 씨이트 플리즈

출발 시간이 언제입니까?
When is my departure time

웬 이즈 마이 디파춰 타임

수하물 수속

짐이 있습니까?
Do you have baggage?

두 유 해브 배기쥐

네, 있습니다.
Yes, I have baggage.

예스 아이 해브 배기쥐

짐을 저울에 달아주세요.
Please weigh your baggage.

플리즈 웨이 유어 배기쥐

2등석 승객은 20kg까지 허용됩니다.
The allowance is 20 kilos for an Economy class passenger.

디 얼라우언스 이즈 투웬티 킬로스 휘 언 이코노미 클래스 패신져

제 짐들이 허용량을 초과했습니까?
Is my baggage over weight?

이즈 마이 배기쥐 오버웨이트

귀국 05

탑승하기

탑승 게이트는 어디입니까?
Where is the boarding gate?

웨어 이즈 더 보어딩 게이트

탑승시간은 몇 시죠?
What is the boarding time?

왓 이즈 더 보딩 타임

탑승은 시작되었습니까?
Has boarding started yet?

해즈 보딩 스타팃 옛

인천에는 몇 시에 도착될까요?
What time will we arrive in Incheon

왓 타임 윌 위 어라이브 인 인천

활·용·단·어

예약을 확인하다 reconfirm
리컨훠엄

예약하다 reserve a flight to ~
리저브 어 훌라잇 투 ~

항공예약 flight reservation
훌라잇 레져베이션

대기자 명단에 올리다 put on the waiting list
풋 언 더 웨이팅 리스트

도착예정시간 ETA(estimated time of arrival)
에스터메이티드 타임 어브 어라이벌

~ 항공사 카운터 ~ air counter
~ 에어 카운터

수속하다 check in
첵 인

최종 목적지 final destination
화이널 데스터네이션

출발 로비 depature lobby
디파춰 로비

도착시간 arrival time
어라이벌 타임

출발시간 depature time
디파춰 타임

저울 scale
스케일

무게한계 weight limit
웨이트 리밋

허용량 allowance
어라운스

초과하다 excess
익세스

휴대용 가방　carry-on bag
　　　　　　캐리-언 백

가방 운반장치　conveyor belt
　　　　　　　컨베이어 벨트

통과하다　go through
　　　　　고우 쓰루

비우다　empty
　　　　엠티

피하다　avoid
　　　　어보이드

기내　cabin
　　　캐빈

예정대로　on schedule
　　　　　언 스케쥴

현지시간　local time
　　　　　로컬 타임

시차　time difference
　　　타임 디훠런스

시차로 인한 피로　jet lag
　　　　　　　　젯트 랙

수화물 타는곳　baggage claim area
　　　　　　　배기쥐 클레임 에리어

공항세　airport tax
　　　　에어포트 택스

귀국　homecoming
　　　홈 커밍

귀국

◐ 요일

월요일	Monday(먼데이)	화요일	Tuesday(튜즈데이)
수요일	Wednesday(웬즈데이)	목요일	Thursday(썰즈데이)
금요일	Friday(후라이데이)	토요일	Saturday(쎄터데이)
일요일	Sunday(썬데이)	주말	weekend(위크앤드)
공휴일	holiday(할리데이)	이번주	this week(디스위크)
다음주	next week(넥스트위크)	지난주	last week(라스트위크)

◐ 계절

봄	spring(스프링)	여름	summer(써머)
가을	fall, autumn(훨, 어텀)	겨울	winter(윈터)

◐ 월 Months

1월	January(재뉴어리)	2월	February(훼브러리)
3월	March(마아취)	4월	April(에이프릴)
5월	May(메이)	6월	June(주운)
7월	July(줄라이)	8월	August(어거스트)
9월	September(셉템버)	10월	October(옥토버)
11월	November(노벰버)	12월	December(디셈버)
이달	this month(디스 먼쓰)	다음달	next month(넥스트 먼쓰)

TRAVEL TIP

⊙ 숫자 number

1	one(원)	2	two(투)
3	three(쓰리)	4	Four(훠)
5	five(화이브)	6	six(씩스)
7	seven(쎄븐)	8	eight(에잇)
9	nine(나인)	10	ten(텐)
11	eleven(일레븐)	12	twelve(투엘브)
13	thirteen(썰틴)	14	fourteen(훠틴)
15	fifteen(휘프틴)	16	sixteen(씩스틴)
17	seventeen(쎄븐틴)	18	eighteen(에잇틴)
19	nineteen(나인틴)	20	twenty(투웬티)
30	thirty(써티)	40	forty(훠티)
50	fifty(휘프티)	60	sixty(씩스티)
70	seventy(쎄븐티)	80	eighty(에잇티)
90	ninety(나인티)	100	hundred(헌드레드)

1,000 thousand(싸우전드)

10,000 ten thousand(텐 싸우전드)

100,000 hundred thousand(헌드레드 싸우전드)

1,000,000 million(밀리언)

TRAVEL TIP

○ 서수

- 14부터는 숫자뒤에 th를 붙이면 서수가 된다.
- 24는 쓸 때는 24th, 말할 때는 twenty-fourth
  튜니티-훠쓰

첫 번째	first 훠스트	열두 번째	twelfth 트웰프쓰
두 번째	second 세컨드	열세 번째	thirteenth 썰틴쓰
세 번째	third 써드	스무 번째	twentieth 트웬티이쓰
네 번째	fourth 훠쓰	서른 번째	thirtieth 써티이쓰
다섯 번째	fifth 휩쓰	마흔 번째	fortieth 훠티이쓰
여섯 번째	sixth 씩스	쉰 번째	fiftieth 휩티이쓰
일곱 번째	seventh 세븐쓰	예순 번째	sixtieth 씩스티이쓰
여덟 번째	eighth 에잇쓰	일흔 번째	seventieth 세븐티이쓰
아홉 번째	ninth 나인쓰	여든 번째	eightieth 에잇티이쓰
열 번째	tenth 텐쓰	아흔 번째	ninetieth 나인티이쓰
열한 번째	eleventh 일레븐쓰	백 번째	hundredth 헌드레드쓰

메 모 수 첩

이름(First Name) _____

생년월일(Date of Birth) _____

국적(Nationality) _____

연락처(Telephone No.) _____

휴대폰(cellular phone No.) _____

여권 번호(Passport No.) _____

비자 번호(Visa No.) _____

여행자수표 번호(Traveler's Check No.)

_____

신용카드 번호(Credit Card No.)

_____

항공권 번호(Air Ticket No.)

_____

항공권 편명(Flight Name)

_____

memo

memo

memo

Memo

memo

memo

memo

memo

memo

memo

memo

memo

memo